Happy Color Book

色の力を
味方につける

ハッピー
カラー
BOOK

カラーセラピスト
石井亜由美 著

永岡書店

色彩のパワーを
活用することで
幸運力はアップする！

恋愛や結婚、仕事、人間関係、
健康、美容、金運……etc.
本書ではあなたの夢と願いをかなえる色彩を
目的別に紹介しています。
色彩パワーを取り入れることで、
あなたの幸運力はアップするでしょう。

色彩カタログ ❖ Color Catalog

本書で紹介している色の「色彩カタログ」です。どんな色なのかをこのカタログで確認し、生活の中に取り入れてみましょう。

※色名の下のCMYK表示は、色を4色印刷で再現する際の表示です。
「C」はシアン(青)、「M」はマゼンタ(赤)、「Y」はイエロー、「K」はブラックを表します。

赤
C15 M100 Y81 K0
古代から魔除けの色として活用。ビジネスでは、売上をアップしてくれる色といわれる。

朱赤
C0 M93 Y96 K0
やや黄みを帯びた赤で魔除けの色として知られる。朱色の顔料は、赤チンの原料。

真紅
C0 M100 Y60 K30
紅色を意味し、「しんこう」とも。紅の赤を濃くした色。唐紅という色名と同じ。

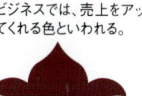

ボルドー
C57 M100 Y66 K28
暗い赤紫色。ボルドーはフランス南西部ジロンド県の街の名で、19世紀に色名に。

ラズベリー
C0 M90 Y20 K50
キイチゴの意味を持ち、その実の色から名づけられた。濃い紫みのある赤色のこと。

ローズレッド
C10 M85 Y31 K0
鮮やかな紫の入った赤で、華やかさを演出。椿色に似ているためカメリアとも呼ばれる。

ワインレッド
C47 M98 Y72 K12
フランス・ボルドー産の赤ワインが基準の色。ワインカラーと呼ぶ場合もこの色をさす。

オーキッド
C20 M47 Y2 K0
色名の意味は洋ラン。代表的なランの色には、白やピンクもあるが、淡い紫系をさす。

オールドローズ
C17 M64 Y35 K0
灰色の入ったシックなバラ色。オールドは、くすんだ、鈍いという意味を持つ。

オペラピンク
C10 M85 Y31 K0
赤に近い紫がかったピンク。女性としての愛の喜びや生活を楽しむ力に満ちた色。

コーラルピンク
C0 M55 Y30 K0
珊瑚(コーラル)のような黄みの入ったピンクであり、結婚運を呼ぶ最強カラー。

桜色
C0 M23 Y7 K0
桜の花の紅を少し含んだ淡いピンクで、紅染の一番薄い色。さらに薄い色は薄桜。

ショッキングピンク
C7 M58 Y5 K0

フランスでは、ローズ・スキャパレリという。スキャパレリは、デザイナーの名前。

サーモンピンク
C0 M48 Y37 K0

鮭の身のような黄色の入ったピンクで、ハツラツとした印象。万人受けするカラー。

チェリーピンク
C6 M79 Y27 K0

青みの入ったピンクをさす。フランス名ではセリーズ。英語での色名は、チェリーピンク。

ピーチピンク
C0 M20 Y20 K0

ピーチは桃の果実でフランス名ではペシュ。表皮ではなく、果肉のような柔らかなピンク。

ピンク
C0 M64 Y32 K0

ピンクは、幸福や健康の象徴。英語のピンクは、ナデシコやセキチクの花をさす。

ピンクベージュ
C0 M40 Y20 K0

ベージュに、明るいピンクが混ざった色。優しさと温かみを伝えるイメージを持つ。

ベビーピンク
C0 M34 Y15 K0

乳幼児の女の子の洋服に多用される淡いピンク。恋愛運を強化するカラーの代表色。

ホットピンク
C5 M88 Y16 K0

愛の刺激が乏しいときに身につけると、効果あり。恋愛の不満があるときにも活躍。

マゼンタ
C0 M100 Y0 K0

イタリア北部の町名が由来。別名ナイチンゲールの色で慈悲の心を芽生えさせてくれる。

モーヴピンク
C8 M48 Y0 K0

青みを帯びた紫がかったピンク。モーヴとはゼニアオイの花が由来の合成染料の名前。

ラベンダーピンク
C20 M47 Y2 K0

女性らしさのアピールに最適。フェロモン分泌カラーでメイクの色としてもおすすめ。

ローズピンク
C0 M58 Y20 K0

ローズはバラ。紫みを帯びたピンク。自己愛を高めたいときに活用を。

アプリコット
C0 M37 Y29 K0

誰にでも似合う、肌の色を問わない便利カラー。血色を良く見せる効果を持つ。

オレンジ
C0 M63 Y91 K0

チベットやタイの僧侶の法衣の色で、献身と至福を表す。前向きな気持ちになれる色。

コーラルオレンジ
C0 M50 Y38 K0

健康的な美しさを演出するのでメイクに。コーラル（珊瑚）は美しい海水でのみ育つ。

パンプキン
C0 M53 Y86 K0

かぼちゃの中身のような温かみのある強いオレンジ。心身に温かみを感じさせるカラー。

向日葵色
C0 M40 Y100 K0

赤みを帯びた黄色。向日葵といえば、画家のゴッホの絵を思い浮かべるのでは。

ペールオレンジ
C0 M30 Y35 K0

近づきやすい印象を与える柔らかいオレンジ。初対面で好印象をもたれやすくなる色。

黄土色
C28 M53 Y87 K0

黄土は最古の黄色の天然顔料であり、古代中国では大地を象徴する色とされた。

黄色
C14 M24 Y98 K0

光を象徴する色であり、注目を浴びたいときに役立つ。ポジティブカラーの代表。

クリームイエロー
C3 M7 Y39 K0

カラー風水では、財運を呼び込む財布に適した色。女性の上品さや可愛さも演出する。

ペールイエロー
C0 M0 Y50 K0

優しく淡い黄色は、女性を可愛らしく見せる効果あり。日本人の肌になじみやすい色。

山吹色
C0 M30 Y100 K0

山吹はバラ科の植物で、春に赤みを帯びた黄色の花を咲かせる。

レモンイエロー
C8 M4 Y98 K0

さっぱりとしたイメージを演出したいときに効果的。16世紀にはこの色名が存在した。

オリーブグリーン
C45 M38 Y100 K53

日本の伝統色では海松色。迷彩服に使われる。苦難を乗り越えたいときに活用。

黄緑
C37 M17 Y100 K0

若葉を連想する色で、フレッシュ、快活といったイメージ。心身を若々しくする効果あり。

ターコイズグリーン
C63 M7 Y40 K0

ターコイズブルーよりも、少し緑みの入った色。英語の色名は、16世紀から使用。

フォレストグリーン
C95 M41 Y73 K2

フォレストは森。濃い深緑であり、うっそうとした森をイメージさせる。高級感を伝える。

深緑
C100 M53 Y98 K0

常緑樹の濃い緑でホーリーグリーンとも呼ばれる。柊（ひいらぎ）の葉のような濃い緑。

緑
C92 M0 Y79 K0

「緑は名医」という言葉があり、心身の健康やバランスを整えるカラー。

ミントグリーン
C77 M0 Y61 K0

ミントはハッカの意味。青みの入ったグリーンで、爽やかな印象を残す。

モスグリーン
C59 M49 Y99 K4

苔色とも呼ばれ、渋みのあるくすんだ緑。ブライトモスグリーンという色名もある。

藍
C70 M20 Y0 K60

江戸時代にこよなく愛された人気色。藍染めは虫よけ、殺菌など多くの効果あり。

青
C90 M70 Y0 K0

信頼・安心・安全・知的といった良いイメージを持つ。企業のCIカラーとして人気。

アクア
C50 M6 Y14 K0

淡く緑みを含んだ柔らかな青で、ストレスケアに最適。疲れているときに取り入れたい。

ウルトラマリンブルー
C100 M79 Y0 K0

「その青色は海の彼方からやって来た」という意味。1598年に名付けられた。

紺
C88 M75 Y50 K14

信用を勝ち取る色なのでビジネススーツに最適。男性経営者ほど紺を好む傾向がある。

シアン
C92 M18 Y16 K0

青と緑の中間色。古代ギリシャ語で暗い青を意味するサイアニアスが色名の起源。

ターコイズブルー
C80 M7 Y30 K0

緑みの青で、ターコイズはトルコ石の意味。緊張やプレッシャーから解放してくれる。

コバルトブルー
C95 M62 Y0 K0

顔料のコバルト金属が由来の強い青。発見者の名を取りテナールズ・ブルーとも。

濃紺
C89 M81 Y53 K22

警察官や学校の制服に使用されるように、安心と信頼を与える。権威のアピール色。

ピーコックブルー
C100 M49 Y52 K2

ピーコックは孔雀の意味。孔雀の羽根のような青緑。神秘的な美しさを持つ。

ブルーグレー
C77 M55 Y48 K2

青みの入ったグレー。藍鼠（あいねず）とも呼ばれる。青みが濃いと紺鼠。

ブルーレッド
C26 M95 Y56 K0

宝石のルビーの色に近い、青みの強い赤。クールな赤で、赤が苦手な人にもおすすめ。

水色
C20 M0 Y0 K0

ベビーブルーとも呼ばれ、柔らかく繊細な印象。乳幼児の洋服によく使用される。

ロイヤルブルー
C92 M70 Y0 K0

英国王室のオフィシャルカラーで王室行事で使用。藍染の一番濃い色。

瑠璃色
C100 M72 Y17 K0

瑠璃は青色の宝石であり、中国などで珍重された。ラピスラズリ、青金石とも呼ばれる。

青紫
C70 M90 Y30 K0

江戸紫、縁（ゆかり）の色。歌舞伎の助六所縁江戸桜で、助六が巻く鉢巻の色。

赤紫
C0 M81 Y13 K0

律令時代は、深緋の次に位の高い色。つつじの花の色に近く、女性性を伝えやすい。

ナス紺
C94 M94 Y31 K0

野菜のナスのような紫みのある青で、紺の誠実さや知性をもつ一方、神秘的なイメージも。

紫
C35 M76 Y0 K0

かつてヨーロッパでは、紫はプルプラという貝の分泌液から抽出される高級な色だった。

ライラック
C23 M45 Y0 K0

初夏に花が咲くライラックのように淡く赤みのある紫。フランス語ではリラと呼ばれる。

ラベンダー
C38 M47 Y6 K0

薄い紫から青紫にかけての代名詞的なカラー。深い癒しと安らぎを与えてくれる。

赤茶
C28 M83 Y83 K0

秋を連想させる色。伝統色では弁柄。江戸時代には弁柄塗の建物が多かった。

キャメル
C11 M40 Y55 K30

ラクダの毛のように黄みのある少しくすんだ赤茶色。かつては毛織物の代表的な色。

ゴールドブラウン
C28 M61 Y100 K0

印刷時、金色の特色インキが使用できないときに代用される。安定感を望むときに。

ゴールドベージュ
C8 M20 Y40 K0

繁栄をイメージさせるカラー。目上の人から愛され、引き立ててもらえる頼もしい色。

ダークブラウン
C78 M82 Y100 K10

茶色という色名は江戸時代に誕生、茶の葉から染めたとされる。堅実さを演出する色。

茶色
C55 M73 Y89 K23

日本で一番高級な茶色は、伝統色の黄櫨染（こうろぜん）という、天皇の礼服の色。

ベージュ
C12 M28 Y46 K0

ベージュは元はフランス語だったのが英語化。心身の疲労を解消する優しい色。

ミルクティー
C10 M20 Y38 K0

ミルクティーの色。淡いベージュ系で女性らしい柔らかさを伝え、初対面時に最適。

ライトベージュ
C0 M10 Y24 K0

筋肉をゆるめる効果があり、肩こり軽減カラー。見る人も癒す力があり。

グレー
C62 M53 Y50 K0

江戸時代から日本人に愛されてきた色。謙虚さを伝え、人を引き立てるときに効果的。

黒
C70 M50 Y50 K100

西洋で黒は権威を表す。警察官や軍人、裁判官の制服の色。本音を隠す効果も。

ダークグレー
C75 M72 Y62 K25

黒に近い、暗いグレー。真面目さ、忠誠心、忍耐力を感じさせ、重宝される色。

ライトグレー
C38 M30 Y29 K0

白に近い明るいグレーで、シルバーの色みと似ている。都会的でシックなイメージ。

アイボリー
C8 M10 Y20 K0

アイボリーは、象牙の色を表す。象牙は古代ローマでは宮殿装飾として使用。

オフホワイト
C5 M6 Y12 K0

青みも黄みもないソフトな白。純白ではなく、少し色みを感じるような優しい白。

純白
C3 M0 Y2 K0

雪のような真っ白をさし、スノーホワイトとも呼ばれる。古代から神事に使用された。

ゴールド
C0 M33 Y100 K38

金は腐らない性質を持ち、永久不滅の強い色。マヤ文明は金を神の化身とした。

ゴールドオレンジ
C0 M70 Y100 K0

金色のように輝くインパクトのあるオレンジ。自立と自信を強化したいときにおすすめ。

ピンクゴールド
C0 M61 Y31 K0

豊かな愛情や美しさをイメージさせるカラー。本来は、もっと金を含んだピンク。

シルバー
C5 M0 Y0 K18

美意識を高める効果があり、女性的で繊細なイメージ。美と癒しを与えてくれる。

はじめに

　虹の七色を見ると、暗い気持ちが晴れやかになり、一気にポジティブモードになれます。明るく澄んだ色は、私たちの脳に良い影響を与えて、その結果、ホルモンの分泌が活性化します。いつも黒やグレーの色みの乏しい色を身につけていると、運の低下のみならず、老化を早めてしまうといわれています。いつまでも健康でハッピーにキレイをキープしたいのであれば、今すぐに、色の持つ効果を生活に取り入れてみましょう。

　成功している人や有名な画家ほど、美しい色を衣食住の中に取り入れています。カラフルライフを送っていると、精神的に穏やかになり、前向きな思考を作り出せるので、結果的に夢が実現したり、明るい未来を送れたりするのです。

　本書では、さまざまなシチュエーションに合わせた色のアドバイスを紹介しています。求めていること、悩んでいること、かなえたいことなどのおすすめカラーを、そのことに対する考え方、方法、心のあり方と共に、ぜひ取り入れてみてください。

　今、何かに悩んでいて八方塞がりの状態であったとしても、毒出しキャンペーン中と思って、動じないようにしましょう！　成功する夜明け前は、暗いのです。そして、自分が幸せになるためのプラスの行動を取ることが大切です。幸せを自ら切り開いていくひとつの大きな手段として、美しい色のパワーが人生を開花してくれます！

　苦しいときこそ、可愛いキレイ色の世界に包まれて、ハッピーチャージしてください。自分が満たされなければ、人に優しくなれないし、運もひき寄せられません。まず、自分で自分を愛してあげてください。あなたの幸せのために、色のパワーを大いに活用しましょう！

　本書が、皆さんの夢や願い事をかなえ、人生が好転していくお手伝いになれば幸いです。

　　　　　　　　　　　　　　　　　　カラーセラピスト　石井亜由美

contents

色彩のパワーを活用することで幸運力はアップする！ 2
色彩カタログ 3
はじめに 9

「基本の12色」の色彩パワー ...23
赤／ピンク／オレンジ／黄色／緑／青／紫／茶色／黒／白／ゴールド／シルバー

❦ column ❦
色づかいの基礎知識　好きな色＆苦手な色の活かし方 72

大好きな人と幸せになる方法
恋愛＆結婚の章 73

出会い・恋のはじまり・成就編
出会いがほしいとき 74
同性から、合コンに誘ってもらいたいとき 75
偶然の出会いに期待したいとき 76
男性から飲み会などに誘ってもらいたい 76
初対面の相手への印象を良くしたい 77
パーティーで男性の注目を引きたいとき 78
好きな人に告白したいとき 80
積極的に恋愛したいとき 80
片思いの彼を振り向かせたい 81
単なる職場の人間から、恋愛対象になりたい 82

本命タイプと思われたい...83
「また会いたい」と思われたい...83
年下の彼を振り向かせたい...84
恋のライバルに勝ちたい...85
大好きな人には彼女がいる。彼女と別れて私を選んでほしい...86
好きな人の前で舞い上がらないようにしたい....................86
友達から恋人の関係になりたい...87
好きな人に告白してもらいたい...90
好きな人がふたりいる。ふたりのうちどちらかを選びたいときには?...90
好きな人の前で素直に振る舞いたい..................................91
年上の彼を振り向かせたい...92
なかなか恋が進展しないため、彼をその気にさせたい........92
大好きな片思いの彼に自分のことを女性として意識してもらいたいとき...93
お金持ちの男性と知り合って、玉の輿に乗りたいとき.......94
何年も恋愛していない……。まずは友達の関係から男性と交際したい...94
深い関係になりたい男性とのディナーで、彼を誘惑できる色は?...95

🌸 column 🌸
花のイメージ&パワーを活用して「なりたい自分」になる方法...79
恋愛力がぐんぐんアップ! おすすめ&NGカラーコーディネート術...88
招待された結婚式&披露宴を
恋のチャンスにするためのカラーテクニック...96

恋人期間中編

恋人に浮気されたくないとき...97
ふたりの絆をもっと深めたい...97
ケンカした恋人と仲直りしたいとき..................................98
今の恋人が運命の相手であるか見極めたい........................99
彼に「もっと頻繁に会いたい」と思わせたい..................100
もっとエッチを充実させたい...100
彼にもっと信頼されたい...101

contents

恋の障害を乗り越えたい 102
付き合って1年、エッチの回数も減った彼に
もっと女性として愛されたい 102
遠距離恋愛を乗り越えたい 103
恋人とのマンネリ状態を打破して、楽しい未来を描きたいとき 104
恋人が私以外の人と話すこともイヤ！ そんな嫉妬心を鎮めたいとき ..104
もしかして私って尻軽？ 自分の浮気心をしずめたい 106
彼から別れを切り出されそうな予感。
恋のピンチを大逆転させる色は？ 106
自分の行きたいデート先に誘うためには？ 107
彼の友達に彼女として紹介されたい 108
彼からもっと電話をもらいたいとき 108
付き合っている彼におねだりしたいときは？ 109
彼に自分の友達と会ってもらいたいとき 110
彼にもっと「好き」と言ってもらいたいとき 111
彼からもっとデートに誘われたいときには？ 111
彼の束縛がすごい……。もっと自由にさせてもらいたい 112
彼を不機嫌にさせずに、デートの約束などを断りたい 113

🌹 column 🌹
彼が幻滅するかも!?　デートのときにできるだけ避けたいカラーは？ 105
幸せは指先から。
恋愛力アップのために取り入れたいネイルアートは？ 110
もっとモテ女子になるためのパステルカラー活用術 114

プロポーズ・結婚編

付き合って2年経つ彼にそろそろプロポーズされたい 116
彼の両親に気に入られたい 117
自分の両親に彼を会わせるとき 118
自分のほうからプロポーズするとき 118
「永すぎた春」はイヤ！　長年交際中の優柔不断な彼と結婚したいとき 119

気持ちが不安定になりやすい婚約期間中におすすめの色は?......120
マリッジブルーから解放されたい......120
理想の結婚生活を実現させたい......121
結婚準備をはかどらせたい......122
ハネムーン中、ずっとハッピーでいたい......122
結婚後もずっと新鮮な気持ちでいたい......123
結婚後もこれまでの友達と仲良く付き合いたいときには?......125
早く赤ちゃんがほしい! ベビーを授かるために効果的な色はある?......125
夫の会社の人たちとうまくやっていくためには?......126
結婚後も夫に女性として見られたい......127

♧ column ♧
結婚! 憧れのふたり暮らしスタート!!
目的別 彼との新生活に取り入れたい色は?......124

マイナスの恋をプラスに変える編

大好きな彼にふられてしまったので、立ち直りたいとき......128
別れた彼とやり直したいとき......129
苦手な人からの誘いを上手に断りたいとき......129
ダメンズ彼との恋をきっぱり終わらせたい......130
別れて半年以上経つのに、忘れられない
元彼への執着心をなくしたい......131
不倫関係にある大好きな彼。関係を自然な形で清算したいとき......132
少し気になる既婚者の上司を誘惑したいとき......132

♧ column ♧
幸せは指先から取り戻す! 失恋した心に効くネイルアートは?......133
さらに恋愛力アップ! インテリアのカラーコーディネート術......134
自分の好みのタイプを振り向かせたい!
タイプ別 取り入れたいおすすめカラー......136

contents

いつもハッピーな心でいられる方法
メンタル&友人関係の章……137

自分の内面編

色々なことがうまくいかずに気分が落ち込んでいるとき ……138
自分に自信を持ちたいとき ……139
やりたいことはあるけど、続かない。飽きっぽさを直したいとき ……140
嫌なことがあってイライラしてしまう。イライラを抑えたいとき ……140
また失敗してしまった……。もっと慎重になりたいとき ……141
周りより出遅れている気がする。焦る気持ちを和らげたいとき ……142
自分のことを認められない。ありのままの自分を受け入れたいとき ……143
自分を冷静に見つめ直したいとき ……143
他人の不幸がうれしく思えるとき ……144
新しいことに挑戦したいとき ……144
新しいことを始めた。あきらめずにやり続けたいとき ……146
人の欠点ばかり目につくとき ……146
周りの人ばかり楽しそうにみえるとき ……147
新しいおけいこごとを始めた。自分から積極的に相手に話しかけたいとき ……148
自分の悪いところを素直に認めたい ……149
嫉妬・ねたみの感情をコントロールしたいとき ……149
完璧主義で心が苦しいとき ……150
安心感を得たいとき ……151
怒りっぽい性格を直したいとき ……152
環境の変化に対応したいとき ……152
やる気が出ないので、もっと意欲的になりたいとき ……153
余計なことばかり考えてしまう。心の雑音を消したいとき ……154
周りの人は得していて、自分ばかり損しているように思えるとき ……156
うまくいかないことを人のせいにしがちなとき ……157

自分が好きになれないとき	157
意志が強くなりたいとき	158
目標達成までもう少し。最後のひとふんばりをしたいとき	158
自分のいいところを素直に認めたいとき	159
他人のことがとても気になるとき	160
もっと謙虚な気持ちになりたいとき	161
もっとポジティブ思考になりたいとき	162
被害妄想が強いとき	162
人に優しくなりたいとき	163
親しみやすさを身につけたいとき	164
大きな決断をしたいとき	165
ストレスいっぱいの心に栄養をあげたいとき	165
もっと積極的になりたいとき	166
マイナス思考を直したいとき	167
依存心を弱め、自立心を強くしたいとき	167
モヤモヤした気分とサヨナラするためにリフレッシュしたいとき	168
何をやってもうまくいかない時期。悪循環から抜け出したいとき	169
頑張った後の心のクールダウンに効く色は？	169
愚痴ばかり言ってしまうとき	170
人に感謝の気持ちをもっと素直に伝えたい。それなのに、ひねくれた態度を取ってしまうときは？	171

🌹 column 🌹

あなたは何色が好き？　好きな色でわかるその人の性格	145
ペットがなかなかなついてくれないもっと仲良しになって楽しく暮らすには？	151
おすすめ！　赤ペン＆青ペンストレス撃退法	155
色をテーマにした開運の旅に出かけよう！	172

友人関係編

友達がたくさんほしいとき	174

contents

疎遠になっている友達とまた交流したいとき..................175
何でも相談できる友達がほしい..................175
本当に心を開いていい友達かどうか、相手を見極めたいとき..................176
友達の嫌なところばかりを見てしまう自分を直したい..................176
最近、なんだか避けられているかも？　友達とまた仲良くしたいとき..................177
友達にも気を遣いすぎてしまう私。もっと自然に振る舞うには？..................178
休日に一緒に遊びに行ける友達がほしい..................178
嫌な人間関係をすっぱり断ち切りたい..................179
なぜか敵意をもたれてしまう。女子会で敵を作らないためには？..................180
友達と仲直りしたいとき..................182
しつこく誘ってくる人を、やんわりと断りたいとき..................182
友人の結婚式に招待された。人の幸せを素直に祝福したいとき..................183
他の女性から一目置かれたいとき..................184
一緒に飲み歩きできるような友達がほしい..................185
本当の親友がほしいとき..................186
落ち込んでいる友達を励ましたいとき..................186
入院した知人のお見舞いに行くとき..................187

 column

人間関係をハッピーにする手紙カラーテクニック..................181
お祝いの贈り物にふさわしい色&避けたい色は？..................188

仕事がもっと楽しくなる方法
仕事&人間関係の章……189

仕事でステップアップ編

仕事で大きなミスをしてしまった翌日、どんな色を身につけていけばいい？....190

電話応対の多い職場。落ち着いて受け答えするには? ... 190
新しい仕事に着手。モチベーションアップするためには? ... 191
小さな努力を認めてもらいたい ... 192
スケジュール通りに仕事をこなしたいとき ... 192
出世したい。リーダーになるためには、どんな色のものを身につけたらいい? ... 193
目標を達成したいとき ... 194
企画書を上手にまとめたいとき ... 194
時間内に仕事を終わらせるためには? ... 195
営業成績を上げたいとき ... 198
アイデアが浮かばないとき ... 198
上司にやる気をアピールしたい ... 199
仕事でさまざまなことを挑戦するために、人脈を広げたいとき ... 200
会社で大事なプレゼンがある日。緊張しないようにするためには? ... 201
もっと責任ある仕事をしたい ... 201
苦手な取引先の人に笑顔で営業トークするには? ... 202

🍓 column 🍓

あなたのイメージを左右する名刺のカラーアドバイス ... 196
この3色がおすすめ! 仕事運を発展させるネイルカラー ... 200
初対面の取引先の人に好感を与えてくれる色は? ... 203

気持ちの持ち方編

単純作業ばかりでモチベーションダウン。そんなときのお助けカラーは? ... 204
仕事がマンネリ気味。新鮮な気持ちで取り組むには? ... 205
集中力を高めるには、どんな色のものを身につけるべき? ... 205
周りから「仕事がデキる人」と思われたい。どんな色づかいがいい? ... 206
気持ちを落ち着かせるために役立つのは何色? ... 207
この1ヵ月が繁忙期。体力と気力で乗り切りたい ... 207
集中力を持続したい ... 208
精力的に仕事をバリバリこなしたい ... 208
とにかく人前で話すのが苦手。あがり症を直したいとき ... 209

contents

時間にルーズ、締め切りを守れないときは? 210
頼まれたことをすぐに忘れてしまう。物忘れを防ぐためには? 210
今日は、絶対に怒られる。怒られる時間をなるべく短くするには? 211
今日は早く帰りたい!! テキパキ仕事を片付け、残業をしないで帰るには? ..212

🌸 column 🌸
単純ミスをなくしたい! 原因別 お助けカラーはこの色 213

職場の人間関係充実編

周囲の評価が得られないとき 214
同僚ともっと協力して仕事をしたいとき 214
部下ができた。仕事を上手に頼むには? 215
意見が対立しがちの同僚。衝突せずに意見を通すには? 216
職場に自分の居場所がないように感じる。もっと認められるには? 216
社内会議などの場で積極的に発言して、評価アップを狙いたいとき 217
もっと仕事仲間から信頼されるようになりたい 218
上司に直談判するときには、
どんな色を身につけていると意見が通りやすい? 218
雑用をたくさん頼まれて、自分の仕事に集中できない。
頼まれにくくする色は? 219
リーダーになったので、周りの人とうまくやっていきたい 220
周りの人を味方につけて、仕事を進めたいとき 220
上司と良好な関係を築きたい 221
上司のことをもっと理解したいとき 222
上司に自分のことを理解してもらいたいとき 222
女性上司に気に入られたいとき 223
女性の多い職場でうまくやりたい 224
相性のよくない人と1日外出を共にする! そんなときのお助けカラーは? ..224
どうやらお局さまに目をつけられた。どうすればいい? 225
苦手な人とそつなく付き合いたい 228
女性の同僚たちと無難に仲良くしたい 228

頑張りすぎていることに気づいてもらいたい	229
隣の席の人がどうしても苦手。あまり気にしないようにするには?	230
プライベートを詮索されることをうまくかわしたいとき	231
職場のギスギスした人間関係を改善したい	231
同僚の興味のない話に付き合わなければならないとき	232
誤解を解きたいとき	233
相手に失礼なことをしてしまったとき	233
相手に苦言を呈したいとき	234
後輩を叱るときに嫌われないようにするためには?	235
会社の食事会や飲み会で孤立しがち。みんなに溶け込みたいときにはどんな色?	235

🌹 column 🌹

服装の色で相手のホンネを読み解くヒント 226
机周りや仕事グッズには明るい色を取り入れるのがおすすめ 236

就職・転職編

転職&キャリアアップに成功したい	237
面接で好印象をもたれたい	238
転職後の初出勤で、好印象をもたれる色は?	240
独立・起業するために、いいパートナーに出会いたい	240
独立・起業して成功したい!	241
新しい職場に早くなじみたいとき	242
アルバイトや派遣社員から正社員になりたい	242
資格勉強中。勉強をはかどらせるには?	243
試験当日。実力発揮のために身につけたい色は?	244

🌹 column 🌹

就職活動中に取り入れたい!
希望の職場にめぐりあえる仕事運アップカラー 239

contents

健康とキレイを手に入れる方法
健康＆美容の章……245

健康なカラダをめざす編

疲労をすっきり解消したいとき……246
冷え性を改善したいとき……247
だるくて、やる気が出ないとき……248
食欲を出したいとき……248
健康的に見られたいときに効果的な色は?……249
食欲を抑えたいときには?……250
睡眠不足が続き、シャキッとできないとき……250
緊張するとお腹が痛くなる体質に効く色はある?……252
肌荒れを改善したいとき……254
ぐっすり眠りたいとき……254
風邪をひいて寝込んでいるとき早く元気になるためには?……255
二日酔いからシャキッと回復したいとき……256
目の疲れをとりたいとき……257
悪酔いを防ぎたいとき……257
生理痛を和らげたいとき……258
頭が痛いときに痛みを和らげてくれる色は?……259
夏バテを解消したいとき……260

❦ column ❦

黒やグレーばかりだと健康に良くない?……251
元気になりたい！というときは食の色にこだわってみよう……253
ビューティー＆健康に効く！ ランジェリーに取り入れたい色……261

キレイを手に入れる編

美髪を手に入れたいとき 262
爪をきれいに見せたいとき 262
最近、便秘ぎみ。快便体質になるにはどんな色を身につけたらいい? 263
ダイエットに成功したい! どんな色を身につけるとやる気が出る? 264
ストレスをなくしてキレイになりたい 264
ロングヘアーにしたい! 早く髪の毛が伸びる魔法のカラーは? 268
最近、むくみが気になる。代謝力アップのために効果的な色は? 268
最近、自分に瑞々しさを感じられない。アンチエイジングの色は? 269
朝、すっきりと目覚めたいとき 270

❦ column ❦
キレイになりたい!という気持ちを持続させてくれるカラーは? 265
体型の悩みもこれで解決! ビューティー配色テクニック 266
至福のリラックス&美容タイムにするために
バスルームに取り入れたい色は? 271
女性ホルモンを強化するビューティーカラーテクニック 272

お金と運をつかんで幸せになる方法
金運&開運の章……273

金運アップ編

お金をコツコツと着実に貯めたいとき 274
20代のうちにまとまったお金を貯めたい 274
株など財テクで成功したいときには? 275
好きなことを仕事にして収入を得たい 275

contents

なかなか給料が上がらない。
給料アップを願うときに身につけたい色は?..................277
今月、お財布事情が厳しい……。おごられ運をアップする色は?..................277
つい衝動買い…そんな浪費グセを直したい..................278
目標額を必ず貯めたいときに取り入れたい色は?..................279
飲み会や人付き合いで出費がかさむ。
誘いをうまく断り、交際費をおさえたいとき..................279
宝くじを購入。大当たりの夢をかなえるには何色を取り入れるべき?..................280

🍓 column 🍓
金運アップを望む人におすすめの財布の色は?..................276
もっと開運するためのグリーン活用術..................281

開運・願いをかなえる編

運気をアップさせたいとき..................282
不運、不倫、病気、悪癖…などよくないことと縁を切るためには?..................283
かなえたい願いがあるときに身につけたい色..................283
ものをすぐなくしてしまう。そんなときには、
どんな色のものを身につけたらいい?..................284
ライブでより楽しみたいときには?..................285
マイナスパワーを寄せ付けない色は?..................285
ブログの来訪者を増やしたいときには、壁紙は何色?..................286
チャンスをつかみたいとき..................287

🍓 column 🍓
知って得する!! カラー風水術 方位ごとの運・色・素材・柄..................288

カラーINDEX..................289

「基本の12色」の色彩パワー

color type

赤　　　　　　　　*Red*

愛と情熱をひき寄せる！ パワーチャージカラー

red

·· Red ··

赤を知るためのキーワード

　赤は、「情熱」「愛情」「勇気」「バイタリティー」「リーダーシップ」など、パワーを授けてくれる代表格です。

　赤は古代から魔を払う力があると考えられ、魔除けとして活用されていました。神社の鳥居が赤いのは、まさにそのため。また、古い時代には、魔除けの意味を込めて、玄関に赤い護符(ごふ)を貼る習慣をもった地域もあったようです。

　このように、赤は私たちの身を守ってくれる、守護カラー的存在。何かを強い気持ちで乗り越えたいとき、達成したいときに身につけておきたい色です。仕事のプレゼンでも、彼と深い関係になりたいときでも、メンタル面を強くしてくれるでしょう。とくに、朱赤のような澄んだ赤を活用すると、より効果が期待できます。

　また、赤はすべての色の中で、最も官能的で人の欲望をかきたてる色。まさに愛と情熱を呼び覚ますために、力を借りたい色です。仕事にも恋にも、全力投球したい。そんなパワフルで前向きな人生を送りたいと願う人には不可欠なカラーです。

色がもたらす影響力

　赤は心とカラダを戦闘モードにしてくれる色。赤を見ると、その色の刺激によってアドレナリンというホルモンが分泌されるので、勝負事に気持ちが向かいやすくなります。そのため、スポーツの世界では、勝利に導く色として人気。最後まであきらめない、強い精神力を授けてくれるでしょう。

　カラダへの影響としては、血圧や心拍数を上げたり、血行を促進して体温を上昇させることも知られています。冷え症で悩んでいる人にはおすすめ。カラダが鈍っているとき、テキパキと行動したいとき、背中をひと押ししてくれます。

　心への影響としては、好きな異性や、家族、友人に、深い愛情を注いでいくことができます。この色は、「相手を大切にしたい」という愛情深い気持ちを育ててくれます。自分の大切な人たちと触れ合う機会がないとき、絆を深めてくれるでしょう。ちなみにフランスの三色国旗、トリコロールの赤は「博愛」という意味。赤は愛を伝えるNo.1カラーといえるでしょう。

赤の効果的な使い方

　一日のスタートである朝の時間帯に取り入れたい色です。早起きは幸運を招くともいわれますから、低血圧の人、朝が苦手な人こそ、心身を活性化させてくれる赤を活用しましょう。朝起きてすぐに目に飛び込んでくる寝室の壁などに、縁起が良いとされる赤い花の絵などを飾ってみては。さらに、トマトジュースやイチゴ、赤いローズジャム入りのヨーグルトなど、赤い食材の朝食でパワーチャージすることもおすすめ。赤は、ハッピースイッチを入れてくれるので、身の回りに必ず置くように心がけてみてください。赤パワーで朝から活発に動き、気持ちよく一日をスタートしましょう。

●**相性のいい色……緑**

緑を一緒に取り入れることによって、バランス良く赤の持つ運を動かす力やバイタリティーを発揮することができます。感情の浮き沈みが激しいタイプにおすすめです。

color type

ピンク

Pink

ときめきと優しさを招く！ロマンティックカラー

·· Pink ··

ピンクを知るためのキーワード

　ピンクは、「思いやり」「慈しみ(いつく)」「幸福感」「若返り」「愛の喜び」「健康」など、女性の心をとらえる甘いキーワードが並びます。

　ピンクは、健康や若さとの関連性が深い色で、英語でも「in the pink」というフレーズは「すこぶる元気」という意味でも使われます。私たちのカラダは、健康であれば、肌も内臓も爪もピンク色をしています。風水ではピンクのような、血色の良い人ほど、"運の流れ"が良いといわれるほどです。また、ピンクは内分泌に働きかけ、女性ホルモンの分泌を良くするので、美肌を保つ上で欠かせない色。女性はカラダのどこかにピンクを身につけておくと、つねに美しく若々しいオーラを作ることができます。

　また、ピンクは、夢見ることを忘れてしまった自分に気づきを与えてくれます。ときめく心を私たちに授けて、人生をより楽しく華やかにしてくれるドリーミーな色なのです。とくに優しい柔らかい色みのピンクであるほど、ロマンティックな世界へ連れて行ってくれるでしょう。

色がもたらす影響力

　ピンクは、女子の心とカラダに欠かすことができない、サポートカラー。美肌、若さ、愛らしい気持ち…女子の望むすべてを満たしてくれるのが、ピンクなのです。忙しい毎日を送る働く女子は、日常にこの色を取り入れて、美を磨きつつ、嫌なことにも動じない穏やかな心を保っていきましょう。

　カラダへの影響としては、ピンクの光を浴びると筋肉がほぐれ、疲労がたまりにくく、とれやすくなります。また、赤と同様の血行促進作用があり、女性ホルモンのエストロゲンの分泌も促進するので、女性らしいスタイルになり、瑞々(みずみず)しい若さあふれる美貌を作ってくれるでしょう。

　心への影響としては、緊張をほぐしリラックスさせる効果があります。また、自分にも他人にも優しくなれないときには、ピンクが力を発揮してくれます。まずは自分が満たされないと、人を愛して幸せにすることはできません。自らをハッピー体質にし、人にも優しい愛情をかけられるよう、一番好きな種類のピンクを味方につけてみましょう。とくに、ピ

•• Pink ••

ンクのローズやユリ、ダリアなど大きく華やかな生花からパワーをたくさん浴びると、幸福ホルモンが出やすくなります。

ピンクの効果的な使い方

　自分の思い通りにならないと、誰でもイライラ気分になるもの。でも、心がそんな状態だと、良い運気が宿りにくくなってしまいます。イライラ解消のベストカラーがピンクです。

　優雅で幸福な気持ちにさせてくれる、ピンクのカップとお皿を用意してみましょう。そして、ストロベリーティーなど甘い香りの漂うお茶と、イチゴのショートケーキを食べれば、きっと心の中のイライラが消え去って、和やかな気持ちになるでしょう。

●相性のいい色……ベージュ
ピンクとベージュは、どちらも優しい愛のエネルギーを与えてくれますので、合わせることによって恋愛力がよりアップします。愛され体質になりたい人向けの組み合わせです。

color type

オレンジ *Orange*

夢の実現と元気を与える！サクセスカラー

orange

•• Orange ••

オレンジを知るためのキーワード

　オレンジは、「陽気」「親しみ」「成功」「活気」「温もり」など、私たちの人生を明るく彩ってくれる頼もしい色です。

　オレンジは、黄色と並ぶコミュニケーションカラーで、人と人との心理的な距離感を縮める力や、多くの人たちと仲良しになれる力を持っています。まさに、この色にはフレンドリーという言葉がピッタリ。果物や野菜に多い色なので私たちにはなじみがあり、親近感を抱きやすいのです。人見知りしやすい人ほど、この色の力を借りてみてください。ハッピーな人間関係を作りやすくなるでしょう。

　元気カラーのオレンジは、夢の実現や仕事を成功させるためのモチベーションや行動力を上げてくれる色でもあります。風水でも「運を開く基本は、自ら風を起こすこと」といわれるように、夢の実現には積極性が大切。オレンジは、行動をスピーディーにさせて、夢を切り開く力を授けてくれます。待っているだけでは、夢はかないません。オレンジパワーで、なりたい自分を手に入れましょう！

色がもたらす影響力

　暖色であるオレンジは、見る人に暖かさや活力を感じさせてくれる色。弱った心とカラダにもエネルギーを注いでくれます。失恋や離婚など愛する人との悲しい別れや、リストラなどのつらい時期も、この色に励ましてもらいましょう。不思議と、オレンジのものを身につけている人ほど、前向きな意欲が湧いている人が多いのです。

　カラダへの影響としては、食欲を誘う効果や、腸の働きを促すので下痢や便秘にも効果を発揮。のど、肺、気管支、甲状腺など呼吸器系全体の機能も回復してくれるので、風邪をひいたときに、活用したい色のひとつです。

　心への影響としては、苦を楽に変えてくれるような楽天的な気持ちをもたらしてくれます。不遇な状況が続いていると、暗い気持ちになりやすく、自然と暗い色を身につけやすくなります。そんなときにこそ、オレンジで元気を充電し、悪い流れを断ち切りましょう。悲しい心を溶かして優しく、温かく救ってくれる色が、オレンジなのです。

・・Orange・・

オレンジの効果的な使い方

　悲しみや、不安感、孤独感などに見舞われているときに取り入れましょう。オレンジが心の深い部分から満たしてくれ、再生への力を与えてくれます。

　ソファーカバーや抱き枕など、くつろぐ場所や癒しグッズに使うのが最適。オレンジに身をゆだねながら、ときには、つらい心を解放して涙を流すことも、ストレスケアになるでしょう。

　また、オレンジのアロマ芳香器を用意し、オレンジの精油の香りを楽しめば、心理的なショックをしずめて、明るく元気な気持ちを取り戻すことができます。また、キッチンやダイニングにこの色を取り入れると、より食卓が温かさに包まれ、料理もおいしそうに見えます。

●相性のいい色……ゴールド

オレンジとゴールドは、成功体質にさせてくれる最強の組み合わせ。仕事運を一気に上げていきたいときに活用してみましょう！

color type

黄色 *Yellow*

楽しみ事や富を運んでくれる！ハッピーカラー

黄色を知るためのキーワード

　黄色は、「希望」「スマイル」「知性」「楽しさ」「富貴(ふうき)」など、前向きで私たちに幸せをたくさん運んでくれるカラーです。

　イギリスでは昔から、黄色は「身を守るための色」でした。戦地に向かう男性の無事を願う、お守りのような色なのです。その言い伝えがアメリカにも渡って「黄色いリボン」となり、「愛する人の無事を願う色」として、玄関、ドア、庭の木などに黄色いリボンを結ぶ習慣に。このエピソードにあるように、黄色は「希望」というメッセージ性が強いのです。文豪ゲーテは、『色彩論』という著書の中で、「黄色は、最も光に近い色」と述べています。黄色は、私たちに生きる希望の光を与えて、人生に輝きをもたらします。風水でも、黄色は楽しいことやお金を運んでくれる代表カラーです。また、黄色は存在感のある目立つ色でもあります。交通標識や信号、小学生の通学帽などに使われているように、多くの人に「見て！」というメッセージを発する色です。

色がもたらす影響力

　黄色は、身につけた人を「5歳若く見せる」ともいわれ、ピンクと同じように若返り効果が期待できます。可愛らしい、無邪気なイメージを演出するので、甘えるのが苦手な人におすすめ。

　カラダへの影響としては、脳や神経に良い影響を与えるといわれています。ただし、刺激が強い色のため、大きな面積で使用すると疲れやすくなるので、少量で取り入れるほうが効果的です。記憶力や論理的な思考力、集中力を高めやすくするといわれているので、仕事力や勉強力の向上につながります。文房具類におすすめです。とくに、企画、デザイン、映像、WEB関係などクリエイティブな仕事の人にぴったりでしょう。

　心への影響としては、ふさぎ込んでしまった心を明るくし、地に足がついた、前向きで現実的な行動を促してくれます。何をやってもうまくいかない、希望が見えないというときにこそ、黄色が未来に光を照らしてくれます。日常に黄色を取り入れると、気持ちに余裕が芽生えます。

··· Yellow ···

黄色の効果的な使い方

　黄色には、楽しさや喜びといった幸せを運んでくる効果があるので、自宅のインテリアに取り入れたい色です。お金を豊富に運んでくれるように、目につきやすいカーテンや、淡い色なら壁の色にいいでしょう。おしゃべりがはずむので、楽しい時間が増えるでしょう。

　また、携帯電話や携帯ストラップにも、ハッピーをひき寄せるよう黄色を取り入れてみて。とくに携帯電話は、情報やお誘い、仕事の紹介など連絡が入ってくるところ。次に、携帯電話を変えるなら、黄色にしてみましょう。

●相性のいい色……ピンク

黄色とピンクは人を幸せにする2大カラー。愛と楽しさにあふれた毎日を送ることができます。この2色は、どちらもハッピーホルモンが出やすくなる色なのです。リッチで優雅な生活も送れますよ。

color type

緑　　　*Green*

安心とリラックス効果抜群！ストレスケアカラー

緑を知るためのキーワード

　緑は、「安心」「安全」「平和」「楽園」「癒し」「爽やか」など、私たちの心を一瞬にして落ち着かせ、リフレッシュさせてくれるカラーです。

　原始時代には、緑の茂みや木陰は、動物から身を守る、まさに安全のシンボルでした。その記憶が私たちに残っていて、緑を見ると自然に安心感を抱くのかもしれません。実際に、信号の緑系の青、非常口の緑、工事現場の十字マークなど、安全を意味するところには、必ずといっていいほど緑が使用されています。毎日がハードワークで、不安感につきまとわれている人は、ぜひ緑の力を味方にしましょう。心身の疲れがとれて、深いリラクゼーション効果を感じることができます。

　「寝不足の人ほど、緑を好む」というデータもあります。寝室のメインカラーを緑にしたり、観葉植物を多めに飾ると、ゆったりとした心地になり、安眠することができるでしょう。緑を感じながら、安らぎたっぷりの環境音楽を聴けば、色と音の相乗効果で、素敵な夢を見ることができそうです。

色がもたらす影響力

　緑は、虹の7色の真ん中にあるところから、「調和」や「バランス」といった意味もあり、私たちの心身のバランスを整える効果を持っています。バランスが崩れやすい人ほど、緑が必要不可欠でしょう。

　カラダへの影響としては、「緑は名医」という言葉や「緑があれば健康になれる」といわれることも。とくに、パソコンなどを使っている人は、眼精疲労や肩こりに悩まされがちですが、緑を見ると、目の中の毛細血管が広がり、血液の流れが良くなるので、目の疲れが和らぎます。その結果、肩こりや頭痛が軽減されることも。私たちの健康運アップには、手放せない色なのです。

　心への影響としては、怒りやすく、せっかちな心をゆっくりと穏やかにしてくれます。怒りでいっぱいになった心の中を、清涼剤的にスッキリと浄化してくれるでしょう。大勢の人と一緒に取り組むような仕事の人は、他の人の仕事ぶりにカリカリしやすいこともあるでしょう。その感情をゆるやかに溶かしてくれるのが、緑です。デスク周りに小さな観葉

植物を置いて、心のバランスをとるように心がけましょう。また、急ぎすぎる行動をゆるめて、マイペースに事を運ぶことができるようになります。

緑の効果的な使い方

　緑は、ストレスケアには欠かせない、特効薬的なカラー。日々たまってしまっているストレスから解放されるためのおすすめ行動は、森林浴です。美しい緑の光のシャワーをたくさん浴びることは、失われたバランス感覚を取り戻し、心身の解放につながります。エジプトでは緑は病を治す色ともいわれ、「再生」という意味があります。その意味のように、緑の散歩は、クタクタになった状態の心身を、瑞々しくよみがえらせてくれるでしょう。緑の森には、フィトンチッドという成分があり、自律神経を安定させて、快眠効果をもたらすといわれています。

●相性のいい色……青

緑に青を合わせると、より自分自身の仕事や人間関係が向上していきます。どちらの色も、発展、育成のパワーを持つので、仕事の実りを大きくしていきたいときに効果的です。

color type

青　*Blue*

信頼と冷静さをもたらす！ビジネスカラー

青を知るためのキーワード

　青は、「信頼」「自由」「クール」「賢者」「誠実」「静けさ」「爽快」など、知的で爽やかなイメージのキーワードが多いのが特徴です。

　世界中で最も愛されている色のひとつであり、どの国でも必ず好きな色の３位以内に入っているほどの人気色。多くの企業がイメージカラーとして使用するように、青は一瞬にして人の不安感を取り除き、安心を抱かせる色。「経営者ほど青や紺を好む」という言葉もあります。目上の人と会うときには、青のスーツやワンピースはマストアイテムとなるでしょう。

　また、暖色系が外へ向かう動的な力があるのに対して、寒色系の青は、内なる世界へといざなう静的な力を発揮します。自分自身の心を見つめ直したいときには、静かな海や湖の近くなどに内面を磨く旅に出かけてみましょう。ゆっくりと自分の心と対話しやすくなるはずです。

色がもたらす影響力

　青は、心身をクールダウンさせたいときに、最適なカラー。頭の中が混乱しているときや、猛暑のような夏の暑い時期などに、この色を意識的に取り入れると、心身共に爽快さを感じられるでしょう。

　カラダへの影響としては、自律神経の中の副交感神経に働きかけるので、リラックス作用をもたらします。また、緑みの青であるターコイズブルーは、のどの痛みを緩和させて、炎症を抑える効果があるといわれています。ネイティブアメリカンの人たちは、昔からのどが痛いときには、ターコイズブルーのトルコ石のネックレスを首に巻いて、治癒していたとのこと。

　心への影響としては、冷静な判断力をもたらしてくれます。そして、青は自分の至らない点に気づかせ、謙虚な心を取り戻させてくれる色。反省しようとする気持ちも抱かせてくれます。誰かとケンカをしたときは、この色を見て心をしずめましょう。

　青は冷静な心の状態を保つので、仕事でもプライベートでも、感情をコントロールするのに役立ちま

す。目につきやすい小物に取り入れましょう。

青の効果的な使い方

　青は、ビジネスの世界では、とても重宝する色。子供たちに、赤い光の下と青い光の下で計算テストをさせたところ、青い光の下でテストを受けた子供のほうが、点数が高かったという報告があります。青が集中力を高め、ミスを防いでくれるのです。ちなみに赤は理性を鈍らせるので、ミスを誘ってしまうとのこと。ですから、青はことさら正確性が求められる経理や数字を扱う仕事をする人におすすめです。ミスを防ぐという点では、慎重に事を運ぶべきときや、契約を結ぶときなどにも、青が効果を発揮してくれます。ぜひ、青の効果で仕事運を強化しましょう。

●相性のいい色……コーラルピンク

コーラルピンクをアクセサリーやメイクなどに取り入れると青の男性性が中和されます。その結果、女性らしさを伝えつつ、仕事のできる人という印象を与えてくれます。

color type

紫 *Purple*

精神的な満足感を高める！ヒーリングカラー

紫を知るためのキーワード

　紫は、「気品」「優雅」「神秘的」「和風」「安穏」「高貴」など、高級感漂うキーワードが多いカラー。赤に近い紫（日本の伝統色では京紫）になると、女性的な匂いが濃くなり、とても妖艶な印象に。青に近づくと（日本の伝統色では江戸紫）、神秘的でより気品を感じさせる印象になります。

　古代から、高貴な色の代表色であり、身分の高い人にのみ許された色でした。歴代ローマ皇帝が紫の礼服を身につけたところから、ローマでは紫は皇帝の色とされていました。日本でも、聖徳太子が制定した冠位十二階の最上位は紫。英語でも、「be born in the purple」といえば、「名門の家に生まれる」、「marry into the purple」は、「玉の輿に乗る」「王家に嫁ぐ」などの意味を持っています。

　日本的な和の雰囲気を演出するときも、紫は役立ってくれます。しっとりとした上品な日本美人的なイメージを打ち出したいときには、淡い紫の浴衣や着物が、フェロモン度を上げて艶っぽさを伝えてくれるでしょう。

色がもたらす影響力

　紫は、カラーセラピーの中でも、心身のダメージを一番回復してくれるカラー。最高のヒーリングカラーなのです。今、紫に惹かれる人は、心身共に疲れきっていて、とてもデリケートな気持ちになっているときかもしれません。

　カラダへの影響としては、免疫力の向上、殺菌消毒、不眠改善といった効果があるとされています。その他にも、神経痛やのどの痛み、生理痛などの痛みを緩和してくれる働きも。また脳の中のホルモン分泌器官である松果体（しょうかたい）の働きを促すので、目の疲れ、頭痛にも効果的。ピンクと同様に、女性の心強い味方となる色です。

　心への影響としては、紫は精神的なストレスから解放してくれます。紫を見ると、心身共にリラックスし、張り詰めていた緊張がほぐれます。その結果、イライラした気持ちが消え去り、ふんわりと心の奥から癒されるのです。とくに淡い紫であるラベンダーを身につけていると、周囲の人たちにも癒しを与えることができるので、みんなからの好感度が上

•• Purple ••

がるかも。ラベンダーは女性的な色なので、男性の多い職場の人におすすめのカラーです。

紫の効果的な使い方

　紫は、物質的な欲望よりも、精神的な欲望を満たしたいときに有効なカラー。実際に、紫が好きな人は、美や心の世界へ傾倒していく人が多いようです。紫は、美意識や感性を豊かにしてくれます。外面も内面も、より美しくなっていきたいときには、紫のブックカバーがおすすめ。まずは心の中をキレイにすることが美しさの基本なので、良書を読むことにより、心のデトックスをしてみましょう。自分の知らなかった世界や貴重な情報、教えを本から学ぶことで、より精神的に満たされた生活を送ることができます。

●相性のいい色……クリームイエロー
紫にクリームイエローを合わせると、さらにグレードの高い生活やステイタスを得ることができるでしょう。そして、人から一目置かれ、注目されやすくなります。

color type

茶色 *Brown*

大地と樹木の安らぎを感じる！ナチュラルカラー

茶色を知るためのキーワード

　茶色は、「安定」「穏やか」「堅実な」「自然な」「落ち着いた」「マイルド」など、安心感をもたらす自然の色です。大地、樹木、食べ物の他、シカ、リス、犬や猫といった動物の毛の色であり、茶色のものを見ると私たちは、ふんわりとした温もりを感じずにはいられません。

　茶色には、「堅実」というキーワードがあるように、私たちにゆるやかに大きな恵みをもたらしてくれます。とくに、これからお金を貯めていきたい人には、無駄遣い防止になる色なので、ぜひ身の回りに使ってほしい色です。欲望を抑える効果があるため、不景気のときに人気が高くなるともいわれています。茶色は流行に左右されないので、抜群の安定感があるのでしょう。仕事用のバッグなどに取り入れてみると、飽きがこなくて長く愛用できそうです。

　また、茶色は、自然に多い色というところからも、保護的な色でもあり、安全性のイメージが高い色です。茶色を身につければ、より一層信頼感を醸し出せるでしょう。

色がもたらす影響力

　茶色は、心身共に穏やかに満たされた状態を作り出してくれるカラーです。人は誰でも、何かを手に入れると、さらに欲求が高まるもの。茶色は、「今の状況で幸せ」という安定した幸福感を味合わせてくれる色なのです。

　カラダへの影響としては、安眠効果や温かみを感じることから、冬は寒さを和らげることができます。また、安定感をもたらしますので、転びやすい人のお守りカラーとなるでしょう。

　心への影響としては、さびしがり屋の人には最適な色であり、守られているような感覚と温もり感が得られます。オレンジと合わせると、よりパワーアップして効果的。茶色を淡くしたベージュは、プレッシャーから解放して、心地よいリラクゼーションを感じさせてくれます。不安を感じるときにこそ、ベージュや茶色の力を借りて、落ち着きを取り戻しましょう。毛布やベッドのリネン類に使うと、高級感もあり、上質な眠りを得ることができます。

茶色の効果的な使い方

　茶色は、人に安心感を与えるので、普段クールで性格がキツそうな印象がもたれやすい人におすすめ。また、経験豊富そうなイメージも演出するので、人に何かを教える立場の人や、頼もしい風格を身につけたいときに、ぜひ取り入れたい色です。その際には、必ずジャケットやワンピースなど、大きな面積で使うと、茶色の魅力がより出て、効果的です。淡い茶色のベージュも、人に癒しと安らぎを感じさせて、親しみやすさもありつつ、上品な印象を残しますので、スーツカラーのひとつとして持っていると重宝します。

●相性のいい色……オレンジ

茶系と組み合わせると、逆境に陥ったり不安を感じたりするときに、運の流れをスムーズにしながら心の安定感を生み出してくれます。大きな目標がある人に、とくにおすすめです。

color type

黒　*Black*

強い精神性を授けてくれる！不動のカラー

黒を知るためのキーワード

　黒は、「高級感」「シック」「クール」「不動」「不屈の闘志」など、カッコよく、力強いキーワードが多い色です。

　黒は日本でも、ファッションに欠かすことのできない人気色。黒には、都会的でオシャレでクールなイメージがあり、また収縮色なので、細く見える効果もあるところから、女性にも人気が高いのかもしれません。西洋では中世の時代に、プロテスタントの世界で赤や黄色などの明るい色が禁止されていました。その結果、黒やグレー、白が中心となり、富裕層に影響を及ぼし、黒は正式なフォーマルな色、高級感のある色とされました。黒が儀式の正装の色になったというわけです。

　また、黒は喜怒哀楽の感情を包み隠す色なので、自分の弱さを相手に見せたくないときに身につけると効果的。しかしその反面、初対面の人と会うときに黒を着て行くと、心理的な距離感を作ってしまうので、気をつける必要があります。

色がもたらす影響力

　黒は、ほどよく使うことで、より活きてくる色です。黒ばかり身につけてしまうと、光の刺激が色の中で最も乏しいため、私たちの美容や健康をつかさどるホルモンが分泌されにくくなってしまいます。強い精神力を授かりたいときに、適度に身につけましょう。

　カラダへの影響としては、陰陽五行説に基づくと、黒は腎臓の機能を高めてくれるので、ひじきやのり、わかめ、黒豆など黒い食材はおすすめ。また、黒を身につけていると熱を吸収しやすく、冷えの予防が期待できます。

　心への影響としては、逆境にめげずに、乗り越える力を授かれます。強い精神性をもたらすので、どんなに苦しいことがあっても、やるべきことを達成していくことができるでしょう。陰陽五行説では、黒は北の方位と対応していて、北極星のように動かない不動のもののシンボルカラー。たとえ、孤立無援の状態でも、動じないで自分の進むべき道に導いてくれます。黒は、外部からの刺激をすべてシャットアウトしてしまう色。黒いスーツやコートは、着

る人にとって鎧(よろい)のような役目を果たしてくれます。

黒の効果的な使い方

　黒は、仕事で頑張りたいときや自分に自信がないときに、大きな味方となってくれます。自分に自信がある人は、堂々と振る舞うことができて、次々と良い仕事や恋愛をひき寄せます。自信があると、表情やしぐさ、態度に人を惹きつけるプラスのオーラが出るので、さらに多くの人の心をとらえるのです。その自信を高めてくれる黒を、マスカラとアイラインに使ってみましょう。凜々しい、仕事のできるサクセスウーマンを演出することができます。目ヂカラを黒で強化すれば、多くの人を魅了して、良い仕事が舞い込んでくるかもしれません。目頭にマスカラをたっぷり塗ると、知的でキリリとした目元美人になります。

●相性のいい色……白
全身黒では、風水でも陰陽のバランスが崩れやすくなるといわれています。白には、中和作用や、悪を遠ざける力があるので、黒と合わせることにより、運の中和をもたらします。

color type

白　*White*

再生と浄化を促す！ピュアカラー

•• White ••

白を知るためのキーワード

　白は、「純粋」「浄化」「再生」「神聖」「清潔」「花嫁」など、清らかで神々しい、クリーンなカラーといえます。隣の国の韓国人は「白衣の民」と呼ばれたほど、白を好んでいます。彼らにとって白は太陽の光の色であり、崇高な色だからでしょう。日本でも、白は古代より神に通じる色として、尊ばれてきました。神主さんや巫女さんの服装の基本は、白衣、白袴です。神棚も白木造りですし、伊勢神宮の神馬も白馬。けがれのない聖なるものの象徴には、白は欠かすことができないのでしょう。

　また、白には「再生」「リセット」というイメージも強くあります。日本では世紀が変わる西暦2001年に、20世紀をリセットするというメッセージ性からか、白が流行色となりました。韓国では、罪を犯した人が刑務所に入り、出所した後には、「もう二度と同じ過ちは犯さない」という願いを込めて、白い豆腐を食べる習慣があるそうです。悪いことをしたときや人を傷つけてしまったときは、反省と共に白でリセットすると、再び流れが良くなります。

色がもたらす影響力

　白は、心身へ深い浄化作用の働きをもたらしてくれます。その結果、カラダも心も楽になり、もう一度、やる気を奮い立たせて行動する力が湧き出てきます。

　白はカラダにとって有益なエネルギーをすべて取り込んでくれる、健康増進カラー。風邪をひいたとき、疲労がたまっているときには、白いリネン類やパジャマを使ってみましょう。また、白ごま、大根、じゃがいも、玉ネギなど白い食材は、肺に効果的といわれています。

　心への影響としては、嫉妬や憎しみ、怒りで心がいっぱいになった状態をクリアにしてくれます。ネガティブな感情のすべてを清めて、洗い流してくれるのが、白のありがたい効果といえるでしょう。白は、罪を消して、悪いものから身を守ってくれるので、二度とネガティブな感情にとらわれないように、優しく包み込んでくれます。再生したいときこそ、白いシャツやワンピースで、新しい自分に生まれ変わって、良いリスタートをしていきましょう。

··· White ··

白の効果的な使い方

　英語の「white」には、「幸運をもたらす」という、ハッピーでめでたい意味があります。なお「white day」は、「喜ばしい日」という意味もあります。

　そんな幸運カラーの白は、今までの自分とサヨナラして、なりたい自分として再スタートしたいときに使いましょう。その際には、新品で、天使のような清らかで可愛らしい白い下着を用意しましょう。朝の白い光を浴びて、白い下着を身につけたら、まさに「white day」になり、キラキラとした幸せが舞い込んできそうです。人間関係で傷ついたとき、意地悪されたときも、白を身につけ気持ちをスッキリさせましょう。

●相性のいい色……黄色

白は合わせた色の持つ運気を増やしてくれる色。とくに、金運アップの色である黄色を合わせると、お金に困らなくなるでしょう。生活を豊かに、優雅にしていきたいときに最適です。

color type

ゴールド　*Gold*

永遠の幸せが舞い込む！リッチカラー

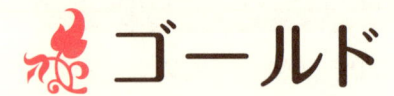

gold

ゴールドを知るためのキーワード

ゴールドは、「永久不滅」「王者」「富」「威厳」「リッチ」「豊富な」「ゴージャス」など、人生を豊かにするイメージキーワードばかりです。

ゴールドは、古代より王様など位の高い人に、こよなく愛されてきた色です。エジプトのピラミッドから発掘されたミイラの周りには、ゴージャスな金の装飾品が飾られています。ゴールドは腐らないという性質を持っているため、歴代の王たちは「自分は永遠に滅びることはない」という意味を込めて、ゴールドを愛用したのでしょう。

ですから、この色は、私たちに優雅な富のパワーを与えてくれる、最大の色なのです。生命力も、行動力も与えて、お金や食べることに困らなくなる強運をひき寄せてくれます。ゴールドは、それだけお腹の底から湧き上がるような力を授けてくれます。

また、ゴールドは見る人にエキゾチックな印象を与えるので、ゴールドをふんだんに使ったインテリアにすると、宮殿のような非日常的な世界が演出でき、とてもリッチで満たされた心地になるでしょう。

色がもたらす影響力

　ゴールドは、心身を豊かに、優雅に満たしてくれる効果が抜群なカラー。ゴールドを自分のそばに置いたり、身につけたりするだけで、不思議と欠乏感が消え去り、心の底から満足感が高まってきます。アクセサリーや時計に、取り入れてほしい色です。ゴールドが好きな人ほど、仮にそのときの状況が貧しくても、裕福な未来をイメージできるので、将来的には経済的に恵まれやすいといえます。

　カラダへの影響としては、オレンジや黄色と似ているため、消化器系の機能を促進し、お通じを良くしたり、腸の働きを活性化したりしてくれます。また、血行促進や、皮膚の炎症などを抑える効果も期待できるといわれています。

　心への影響としては、満たされた心になり、ゆとりと余裕が出てくるので、人へのサービス精神が高まってきます。満足感が深くなると同時に、欲望への執着心が消えやすくなるでしょう。大きな夢を持っている人ほど、ゴールドやオレンジ、赤などを同時に使用していくと、運をつかみやすくなります。

·· Gold ··

ゴールドの効果的な使い方

　ゴールドのなかでも、女子にとくにおすすめしたいのが、ピンクゴールド。恋愛や結婚、子宝といった女性としての運気とお金を両方とも手に入れたい人は、ピンクゴールドのアクセサリーや時計を身につけましょう。恋愛運に効果的なハートや花のモチーフのものが最適。丸みのあるモチーフは、円満な気を運んで、運を育ててくれます。愛情運を総合的に上げてくれるピンクの入ったゴールドを身につければ、恋愛も仕事もお金も好転していくでしょう。ゴールドが身の回りにあるだけでも、豊かな安心感を得られるので、不安な状態を打破したいときに、ピンクゴールドの雑貨を自宅のインテリアとして飾ってみましょう。

●相性のいい色……赤

ゴールドは財運、赤は食べ物に困らなくなる豊かな運をもたらします。2色を使うと、生活が潤います。また、スピーディーに運気を上げたいときにこそ、活用したい組み合わせです。

color type

シルバー *Silver*

柔らかい上品さと知性を伝える！エレガントカラー

•• Silver ••

シルバーを知るためのキーワード

　シルバーは、「上品」「知的」「繊細」「シンプル」「高級」「都会的」など、控えめな華やかさを伝えるイメージがキーワードです。

　シルバーにはゴールドの次、2番目というイメージがありますが、古代バビロニア帝国では、シルバーの壺が尊ばれて、ゴールドよりも高級なものとして扱われていたそうです。シルバーには、ゴールドにはない、シックな華やぎがあるのです。ゴールドほどの華麗さはないにしても、シンプルな品の良さを感じることができます。シルバーのアクセサリー類を身につけることで、品の良い知的美人を演出することができるでしょう。

　普段、周囲の人に「落ち着きのない人」「元気すぎる女性」というイメージを持たれている人は、もう少し控えめな印象を得るためにシルバーを活用しましょう。謙虚で上品なイメージづくりの他、目上の人を立てたいときにも、シルバーはおすすめです。シルバーは、自分も輝きながら相手も引き立たせるNo.1カラーといえるでしょう。

色がもたらす影響力

　シルバーは、心身をくつろがせて、すべての刺激から守ってくれるカラーです。あらゆることに敏感な人ほど、シルバーを味方につけると、毎日の生活が穏やかになってくるでしょう。自分の世界を大切にして、外部の嫌なことから切り離してくれる効果を持っています。

　カラダへの影響としては、高ぶった神経を鎮めるので、安らいだ心地にしてくれます。涼しい感覚になるので、夏向きの色ともいえます。夏を美しく彩るアクセサリーとしてシルバーを使うと、周囲にも涼しさを与えて、好感度アップにつながります。

　心への影響としては、直感力が強化されて、良いことと悪いことの見分けが、よりわかりやすくなります。そして、自分の進むべき道や、迷っていることなどが、ハッキリするようになるでしょう。また、観察力も高まるため、パーティーや会合で、相性の良し悪しや、今後も連絡を取りたい人かそうでない人か、見分ける力もつくでしょう。直感や観察力は、成功や真の幸せをつかんでいくためには、とても大

切なこと。ぜひ、シルバーのパワーで、カンを高めて、良いものを選び取ってください。

シルバーの効果的な使い方

シルバーは、フェミニンな愛らしさを伝える色でもあります。女子としての運を上げやすいパステルカラーのファッションに、シルバーのネックレスやピアスを身につけてみましょう。モチーフは、鋭角な感じのものではなく曲線的なものがベスト。アフター5に使えば、女子としてもっと「彼との恋を楽しみたい！」という気持ちになってきます。また、彼からも「自慢できる彼女だ。自分の両親に紹介したい」と思われるような、お嬢さん的なイメージを演出することができます。パステルカラーの甘い魅力と、シルバーの上品で控えめな可愛らしさで、より彼のハートをつかんでください。

●相性のいい色……ベビーピンク

シルバーに合わせると、女性らしさが増して、男性に引き立てられながら、より運をつかんでいくことができます。ガツガツせず自然に愛や好きな仕事を手にしやすくなるでしょう。

色づかいの基礎知識
好きな色&苦手な色の活かし方

　本書では、今のあなたの願いや「なりたい自分」あるいは、「自分のことを変えたい」という思いを実現させるために活用したい色を紹介します。願いによって力を発揮する色は違います。まずは今、自分がどうしたいのか、どんな状況なのかを見つめてから色を選んでいきましょう。

好きな色の活かし方

　状況や願いに効果がある色とは別に、誰にでも好きな色があるはず。好きな色は、一番自分自身の心がときめく色。心身を癒す色として身につけておくと気持ちがプラスに向かいます。とくに上半身の服に活用すると、個性を打ち出しやすいのでおすすめです。また、気分がすぐれないときは、下着の色として身につけると、朝の始まりが楽しくなってくるでしょう。ただし、好きな色が黒やグレーなど暗いトーンの場合、あまり使いすぎると活気が乏しくなることも。

苦手な色の活かし方

　苦手な色は、じつはあなたの足りないエネルギーを教えてくれる色です。たとえば赤が苦手ならば、行動力や冒険心が欠けている証拠。ですから、苦手な色は、靴下やレギンス、小物などに少量で使うと、不足している要素を補うパワーが湧いてきます。

大好きな人と幸せになる方法

恋愛&結婚の章

出会い・恋のはじまり・成就編

出会いがほしいとき

ラベンダーピンク

オフホワイト

　出会い運を上げるためには、淡い紫の入ったピンクである**ラベンダーピンク**を武器にしましょう。ラベンダーピンクは、女子力アップの強い味方になるフェロモン分泌カラー。この色を中心にコーディネートを考えてみましょう。たとえばこの色のワンピースに、**オフホワイト**のカーディガンを合わせれば、清楚で色っぽいイメージを演出できます。オフホワイトの「清楚」とラベンダーピンクの「色気」という、2つの色のイメージで、多くの男性の心をとらえて、運命の出会いが期待できるでしょう。一方、出会いを求めている時期は黒はできるだけ控えて。この色は、人を拒絶して、距離を作ってしまいます。

　また、出会い運を高めるためには、自ら積極的に新しい場へ行動することが開運のカギ。会社と自宅を往復するだけのマンネリ生活では、出会いは少ないでしょう。習い事や趣味の会合など、興味のあるところからスタートしてみては？

同性から、合コンに誘ってもらいたいとき

- ベージュ
- ミントグリーン

　いい出会いや恋人がほしいというときは、男性だけでなく、周りの女性受けについても考えましょう。合コンは、同性の友人が誘ってくれることが多いはず。まずは同性に好かれて、誘われやすくするために、女性らしさを感じさせない、**ベージュ**や**ミントグリーン**といったナチュラルカラーを日ごろから取り入れてみましょう。

　これらの色は自然界の色と近いので親しみやすさが出て、「私はあなたの敵ではなく味方です」というメッセージを同性に送ることができます。ベージュのジャケット、ミントグリーンのカットソーなどがおすすめ。

　また、合コンで同席する女性から油断してもらえるカラーは**ダークブラウン**とベージュ。初めて誘ってもらったときには、男性受けだけでなく、同性に嫌われにくい演出も大切かも。

偶然の出会いに期待したいとき

ピーチピンク

「偶然の出会い」というチャンスをものにするためには、日ごろから自分を美しく見せる色を身につけておくことが大切。なぜなら、人間の記憶で、一番鮮明に記憶に残るのは、姿・形よりも色だといわれているからです。

そのためには、誰にでも似合う色のひとつである**ピーチピンク**を日常的に取り入れてみましょう。この色は、上品で優しい人という印象を与え、顔色を華やかに見せるので、出会い力が強化されるはず。ピンク系の色に不慣れな人は、まずはハンカチやポーチ類に取り入れて、慣れたらワンピースやフェミニンなフリルシャツなどに挑戦してみましょう。

男性から飲み会などに誘ってもらいたい

山吹色
茶色

男性から、飲み会や集まりなどに誘ってもらいたいときには、ノリが良く気軽に誘いやすそうなオーラを放つことがポイント。無口でおとなしかったり、クールな感じだったりすると、誘われにくくなってしまいます。

そんな誘いやすい親しみやすさを伝えるカ

ラーは、**山吹色**と**茶色**。この2色は、場を明るく和ませる印象を与えるので、安心して飲み会などに来てほしい女性と思われやすくなります。山吹色はニットやシャツなどの上半身に取り入れてみましょう。顔に近いトップスになりたいイメージを持つ色を使うと、その色の効果が現れやすくなります。茶色は、マスカラやアイラインなどメイクで使用すると、和み顔になり好感度がアップします。

初対面の相手への印象を良くしたい

クリームイエロー

　第一印象に自信がなかったり、人見知りだと自覚している人は、まずは第一印象を良くすることに気を配りましょう。一度、良い印象を与えることができれば、多少のミスをしてもイメージは悪くならないもの。しかし、最初のイメージが良くないと、そのイメージを変えるには、相当な時間と労力がかかってしまいます。ちなみに第一印象は、およそ10秒以内で決まるといわれています。

　一瞬にして好印象をもたれるためには、穏やかで優美な印象を残す**クリームイエロー**が最適。この色のノーカラーのジャケットとAラインのスカートのスーツに、同じ色の真珠のピアスやイヤリングを。この色は、恋愛で

も仕事でも、どんな場面でも好印象がもたれるお役立ちカラーなので、覚えておきましょう。

一方、NGカラーはダークグレー。この色は人を無個性にして、印象が薄くなりやすいのです。この色のスーツを着用する際は、シャツやインナーに明るく好感度の高い色であるサーモンピンクを取り入れてみましょう。

パーティーで男性の注目を引きたいとき

コーラルオレンジ

合コンやパーティーの席では、華やかな雰囲気を振りまくことが、男性の注目を浴びるきっかけとなります。地味な暗い色では、壁の花、恋愛運も低下します。

注目される存在になりたいときは、可愛いオーラを放つ**コーラルオレンジ**を味方につけてみて。この色は女性をキュートに見せるので、男性からの好感度が高まります。

NGカラーは、地味で華やかさに欠けるダークブラウン。この色のスカートをはいたときは、トップスにコーラルオレンジやピーチピンクなどを使ってカバーしましょう。

花のイメージ&パワーを活用して「なりたい自分」になる方法

　花の色には、なりたい状況の自分になれるパワーが宿っています。さらに、色だけでなく、花の形にも私たちは影響を受けています。そんな花の力をフル活用していきましょう。花は自宅のドレッサーに飾っておくとより一層効果的です。

白いユリ ▶ 色っぽくみられたい
ユリは曲線的で優美な形。女性らしさや上品な色っぽさを身につけたいときにおすすめ。

赤いバラ ▶ 復活愛を望む
赤いバラは愛と情熱の代名詞。心が離れてしまった恋人とのヨリを戻す効果もあり。

ピンクのガーベラ ▶ 明るい恋がしたい
明るくハッピーな恋を望む人は、なるべく濃いピンクのガーベラを部屋に飾りましょう。

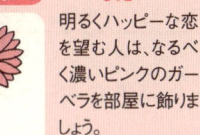

ラベンダー ▶ 大人の秘密の恋がしたい
大人の秘密の恋がしたいときは、紫のラベンダーで「凛としたクールビューティー」を伝えてみて。

赤orピンクのカーネーション ▶ 悪縁を断ちたい
強い浄化作用のあるこの2色のカーネーションで、ダメンズやしつこい男性との縁切りを。

黄色のヒマワリ ▶ 彼を励まして力になりたい
疲れている彼を励ましたいときには、ポジティブ&スマイルパワー全開のヒマワリを飾り、彼の心を解きほぐしましょう。

好きな人に告白したいとき

コーラルピンク

　好きな人がいるだけでも、ときめきオーラに包まれて、幸せな毎日が過ごせるでしょう。ふたりの関係を前進させるためには、自らの行動と勇気が必要です。

　好きな人に告白したいときは、愛されオーラが開花する**コーラルピンク**の力を借りましょう。口元やチークにも、可愛いコーラルピンクのメイクを。洋服の場合は、ワンピースなど面積の広いものに取り入れるといいでしょう。恋愛運を呼び起こしてくれるフリルや、縁を強化するリボンがついているものがおすすめです。そして、告白する前には、緊張を解きほぐし、愛の女神を宿らせるローズの香りのするハンドクリームを手に塗り、柔らかな甘い香りで、恋を一気に成就させましょう！

積極的に恋愛したいとき

朱赤

　恋愛体質になるためには、自ら積極的に恋に飛び込んでいくぐらいのモチベーションがほしいもの。引っ込み思案になっていては、

いつまでたってもドラマティックな恋には恵まれません。

積極的に恋愛したいときに、背中を大きく押してくれるのが、**朱赤**。朱赤は、情熱と深い愛情をアピールする色なので、異性の心をとろけさせる力を持っています。

また、この色は、フェミニンな官能性を伝えるので、爪をフレンチネイルにして、先の部分に朱赤を使ってみましょう。フレンチラインにクリアのラインストーンをちりばめると、悪い恋を遠ざけて、理想の異性との縁をひき寄せてくれます。

片思いの彼を振り向かせたい

桜色

片思いの彼にどう思われているか不安な気持ちがあるなら、色のパワーで恋愛成就のエネルギーを注いでいきましょう。

まずは彼と心が結ばれて、一緒にデートを楽しんでいるシーンを思い浮かべましょう。朝や夜は願いが成就するパワーがある時間帯なので起床時、就寝時がおすすめです。その際、恋をかなえてくれる**桜色**のパワーストーンであるローズクォーツを握ってみましょう。

また、片思いの彼と直接会って、振り向か

せたいときは、恋愛力を高めるこの色を味方につけましょう。桜色は、淡いピンクなので、優しく可憐な女性という印象を植え付けます。桜色で統一したメイクで初デートすれば、彼はあなたを愛しく思うでしょう。

単なる職場の人間から、恋愛対象になりたい

ピンクベージュ

ピーチピンク

　魅力的な男性が多い職場にいる人や職場の人を好きになってしまった場合、仕事に誠実に取り組む一方で、密かに女子モードを演出するべき。職場では、彼と接するときにラブオーラをさりげなく振りまきましょう。

「目は口ほどにものをいう」という言葉があります。恋愛運を強化したい人は、目元のメイクに気合いを。彼にラブオーラを感じてもらうためには、アイメイクに良縁を宿らせる**ピンクベージュ**を使いましょう。ポイントとして、目頭に淡いピンクをのせておくと、恋愛体質になります。口元はオフィスでも浮かない、**ピーチピンク**のグロスをつけてみて。スイートなピンクの力で、彼の心をトリコにしましょう。口元もカサカサと乾燥していては、魅力が半減ですから、ツヤ感を忘れないで。

本命タイプと思われたい

桜色

クリームイエロー

　本気で結婚を望んでいるのなら、小悪魔系やカジュアル系のファッションは、彼の前では控えるほうがベターです。家庭的な匂いを醸し出す清楚なスタイルを貫きましょう。

　本命タイプと思われたいときは、優しく可愛い女の子を演出する**桜色**と、上品さを伝える**クリームイエロー**の組み合わせが最強です。たとえば、桜色のワンピースに、クリームイエローのジャケットやカーディガンを身につけてみましょう。ちなみに、春の桜は女性に良いパワーを授けてくれます。恋愛運や結婚運を上げたいなら、桜のピンク色のパワーを浴びるために、お花見などに出かけましょう。

「また会いたい」と思われたい

ラベンダー

コーラルピンク

　初めてのデートで気に入られて、また会いたいと思われるためには、彼の心に甘い余韻を残しておかなくてはなりません。「あなたといると癒されて、幸せな気持ちになれる」と思わせるべき。

　そんなときのおすすめカラーが**ラベンダー**

です。ぜひ、柔らかい素材のラベンダーのコットンワンピースを身につけて。口元とチークは、**コーラルピンク**で温かみのある優しい女性らしさをアピールしましょう。柔らかいイメージになり、気くばりある振る舞いをすれば、必ず彼の心に響きます。

　ちなみに、ケネディ大統領の夫人であり、大富豪オナシスの妻となったジャクリーンは、聞き上手であり、相手に花を持たせる気くばりの達人だったとか。ぜひ、聞き上手とカラーの力で次のデートの約束をゲットしましょう。

年下の彼を振り向かせたい

青紫

　年下の彼を好きになってしまったら、若い女の子にはない、とらえどころのない秘密めいた神秘的な魅力を振りまくべきです。そんな神秘的な雰囲気を醸し出すには、心とカラダを癒す効果も抜群な**青紫**のパワーを借りましょう。

　青紫は青のクールビューティーな性質と紫のミステリアスな魅力が混ざり合ったカラー。胸元の開いた青紫のラウンドネックのカットソーで、彼にドキドキ感を与えましょう。その際、髪型はルーズなアップヘアにして、同

じ青紫のラインストーン系のキラキラヘアアクセサリーを飾ってみて。男性は、女性のうなじにも弱いはず。ぜひ、次回のデートでチャレンジしてみてください。

恋のライバルに勝ちたい

▼
真紅

モテる男性に恋してしまったら、当然ライバルは多いはず。ライバルに嫉妬心をメラメラ抱くだけでは、逆にマイナスのパワーが宿ってしまうので気をつけましょう。純粋な心が、彼の心に響き、恋の勝利者になれるのです。

恋のライバルに勝ちたいときのおすすめカラーは**真紅**です。一番のおすすめは、太陽の石とも呼ばれる、真紅のルビーの指輪を右手につけること。恋の情熱を相手に強く伝えてくれるので、あなたの存在感を大きくしてくれます。ルビーがないときは、真紅の下着を身につけてみて。恋愛成就への加速度が増して、彼と結ばれやすくなるでしょう。

大好きな人には彼女がいる。彼女と別れて私を選んでほしい

青紫

基本的には略奪愛は、いけないこと。因果応報という言葉の通り、自分がした行いは、良くても悪くても、自分の身にふりかかってきます。無理に奪うことは禁物。万が一、彼とうまくいっても、自分も同じように、彼を誰かに奪われてしまう覚悟を持ちましょう。

でも、大好きな彼に彼女と別れてほしいと願うときは、**青紫**の持つ忍耐のパワーを借りましょう。苦しいときこそ、青紫のグラスでゆっくりと浄化されるよう美しい水を飲むようにして、心身を落ち着かせましょう。

あなたの彼への気持ちをしっかり伝えた後は、時間をかけて待ってみてください。あなたの純粋な心が通じれば、自然に彼が恋人と別れる日がくるかもしれません。

好きな人の前で舞い上がらないようにしたい

水色

好きな人の前では、ときめいてしまい、ドキドキが止まらないもの。そんな自然体の姿を彼にみせるのも、かえって可愛く感じてく

れるかも。

　でも、好きな人の前で舞い上がらないようにしたいときには、静的なエネルギーを与えてくれる**水色**をお守りカラーにしましょう。水色のタオルハンカチを用意し、脳と心が鎮静化するローズマリーのエッセンシャルオイルを1滴垂らしてみてください。そして、彼と会う直前や会っている最中にギュッと握りしめてみて。色と香りの効果で、彼とのより素敵な時間が過ごせるでしょう。

友達から恋人の関係になりたい

マゼンタ

　友達以上恋人未満という関係から、本命の恋人として発展していくためには、性的な魅力を感じさせることも必要かも。母性的であり、妖艶なエロティックさを演出する**マゼンタ**がパワーを発揮してくれるでしょう。

　ここぞというときには、グロスとフレンチネイルの先をマゼンタで統一してみてください。口元と爪から彼の恋心を呼び覚まし、フェロモンをたっぷりと感じてもらいましょう。ただし、友達関係だった相手に告白するのは、その関係を失う覚悟も必要。彼女になる可能性があるかどうか冷静に考えてから行動を。

恋愛力がぐんぐんアップ！
おすすめ&NGカラーコーディネート術

　色には秘められた、心理メッセージがあります。相手の心を射止めたいときに、そのメッセージ性を上手に活用しましょう。色は、無意識に相手の感情や欲望、行動に働きかけます。色彩心理メッセージを理解して、相手の心を自分のほうに向けることができるかが恋愛力アップのカギです。

恋愛力アップの基本カラー

赤・ピンク・マゼンタ・ワインレッド・ラベンダー

　これらは女性らしさをアピールする色。とくに赤やマゼンタ、ワインレッドは、草食系の男子に対し、こちらから良い刺激を与えたいときに有効。でも、全体的に使ってしまうと、相手は引いてしまいます。さりげなく官能的になれる色なので、胸元の開いたブラウスやカットソーなどで使うのがおすすめです。

NGカラー

紺・黒・グレー

　これらの色は、男性的なイメージがあり、恋愛運を低下させます。出会いを求める時期や異性と会うときは遠ざけたい色。ビジネスの色として、割り切って使いましょう。

ピンクの効果的な使い方

〜ピンクの使いわけ〜

　恋愛カラーの代表色といえば、ピンク。でもひとくちにピンクといっても、桜色のような淡いピンクから、人目を引くホットピンクまでいろいろ。恋愛のシチュエーションに合わせて使い分けてみましょう。

・**結婚、本命を意識**…コーラルピンク・ピーチピンク・サーモンピンク
・**彼を惑わせたいとき**…ローズピンク・ラベンダーピンク
・**官能的な愛を求めたいとき**…マゼンタ・オペラピンク

〜ピンクに合わせたい色〜

　ピンクに合わせると、より恋愛力がアップするのは、**茶色**や**クリームイエロー**、**純白**、**アイボリー**です。ベーシックな色の代表、黒やグレーは運を呼び込む力に乏しいので、あまりおすすめできません。

〜取り入れたい柄＆モチーフ〜

　しばらく恋愛モードになっていなかった人は、恋愛力が開花する、**水玉**、**花柄**、**リボンモチーフ**、**フリル**など女性らしいモチーフを味方につけましょう。ラブリーなものが苦手な人でも、少量で使ってみると、不思議と乙女な気分になって、恋愛モードにスイッチが入ってきます。

好きな人に告白してもらいたい

ホットピンク

マゼンタ

彼の心に恋の炎を宿らせて、告白されたいときには、濃いピンクである**ホットピンク**のツインニットに、花柄のフレアスカートを合わせ、ラブリーフェミニンな魅力を伝えましょう。男性は、女の子を感じる色とファッションに弱いのです。風水でも、ピンクと花柄の組み合わせは、恋をかなえる力が高いといわれています。また、毎日使うバッグを恋愛運の味方である**マゼンタ**にしてみて。形は少し丸みを帯びたものがおすすめです。この2色で恋の女神をひき寄せてしまいましょう。

好きな人がふたりいる。ふたりのうちどちらかを選びたいときには?

ロイヤルブルー

好きな人がふたりいるということは、幸せな悩み。でも、二兎を追うものは一兎をも得ず、という言葉もある通り、どちらかひとりに決めないと、どちらの彼とも結ばれないかも。

ふたりのうちどちらかを選びたいときには、直感力が冴えわたる**ロイヤルブルー**のパワーを借りましょう。ロイヤルブルーは、人の本

質を見抜く力を授けてくれます。ロイヤルブルーのアロマキャンドルの炎を見つめながら、じっくりと考える時間をつくり、自分の心に問いかけてみましょう。きっと、この色の力で冷静に考えられるはずです。

好きな人の前で素直に振る舞いたい

水色
純白

好きな人の前では、つい興味のないフリをしたり、冷たくしてしまったりする人も多いでしょう。素直に可愛く振る舞いたいときには、**水色**と**純白**の永遠のラブリー＆清楚カラーを組み合わせましょう。

水色は、少女のような純粋さを感じさせて、打算なく、好きな人の前で可愛く振る舞える効果を持っています。純白は、清楚さと無邪気さを相手に伝えることができます。純白のワンピースに、水色のカーディガンのコーディネートなら、好きな人の前でも素直に自分の気持ちを表現できるはず。

年上の彼を振り向かせたい

ラズベリー
ボルドー
オペラピンク

　年上の彼とラブラブになりたいときには、赤系統の色を積極的に取り入れましょう。赤系統の色は、心を熱く奮い立たせるので、彼もあなたも、恋愛モードにスイッチが入るのです。そして、一途でピュアでありながら、少し妖艶で可愛らしい面を、ファッションやメイクでアピールしましょう。

　たとえば、少女の一途さは、マスカラやグロスを**ラズベリー**や**ボルドー**で統一してアピール。そして、ちょっぴり小悪魔的なイメージも残すために、洋服に赤に近い紫がかった**オペラピンク**を取り入れてみましょう。

なかなか恋が進展しないため、彼をその気にさせたい

ベビーピンク
朱赤

　恋が発展しにくいときは、女性らしさを一気に上げてくれる最高のカラーである、**ベビーピンク**と**朱赤**のパワーを取り入れましょう。ピンク系と赤のコンビは、女性ホルモンの活性化を強く促してくれるので、内面から美しい輝きを放てます。

朱赤を目立たせ、ベビーピンクは少し見せるくらいのバランスが効果的。たとえば、朱赤のキャミソール＆ショーツに、ベビーピンクのネイルで女性らしい魅力を振りまいてみましょう。

　その際に、恋愛体質になりやすくなる、ローズなどのフローラル系の香水を手首や首元につけるのがおすすめ。匂いと色のフェロモンで彼の心はヒートアップするはずです。

大好きな片思いの彼に自分のことを女性として意識してもらいたいとき

ラベンダーピンク

　片思いの彼に女性として意識してもらうためには、じつはカラダの隅々まで潤いがあるかどうかが大切。もし、髪も肌も唇もカサカサであれば、恋から遠ざかってしまいます。男性は、女性のしっとりとした肌や、潤った唇、艶やかな髪にときめきを覚えるのです。

　その潤いを感じさせる色は、淡い**ラベンダーピンク**。フェロモン分泌カラーのひとつなので、あなたの魅力をパワーアップさせます。そんなラベンダーピンクのアイシャドーと、女性らしさを表現する胸元の開いたカットソーの組み合わせがおすすめ。そして、彼

と会う朝には、ローズやラベンダー系のシャンプーでほんのりと香りを漂わせてみましょう。

お金持ちの男性と知り合って、玉の輿に乗りたいとき

クリームイエロー

玉の輿をかなえてくれる最強カラーは、**クリームイエロー**。風水でもこの色は、財運と玉の輿運を授けてくれるといわれています。

クリームイエローのワンピースや曲線的なフェミニンな形のスーツで、リッチな出会いの場に足を運びましょう。玉の輿に乗るためには、あなた自身も、グレードの高いホテルのラウンジや、セレブが集まるイベントへどんどん出かけていかないと、チャンスはやってきません。また、自分自身の中身と外見をブラッシュアップしておく努力も大切です。

何年も恋愛していない……。まずは友達の関係から男性と交際したい

オレンジ

恋愛から遠ざかっている人は、「異性に好かれている」という感覚を呼び覚ますことで、モテオーラを開花することができます。その

ためには、まずは友達的なポジションで気軽に男性に誘われるようになりたいもの。

効果を発揮してくれるカラーは、親しみやすい**オレンジ**。とくに口紅に取り入れるとトークに花が咲くはずです。

またオレンジ系の色のパワーストーンである、サードオニキスもおすすめ。この石は、恋のトークがうまくいくよう助けてくれます。この石は愛を象徴する石ともいわれているので、友達から恋人へ発展することも期待できそうです。

深い関係になりたい男性とのディナーで、彼を誘惑できる色は?

ワインレッド
青紫

さりげなく男性を誘惑して落としてしまいたい人には**ワインレッド**と**青紫**がおすすめ。この2色をぜひ、マスカラに使いましょう。フランス女性は、ファンデーションや口紅は塗らなくても、マスカラだけはすることが多いそうです。黒色のマスカラは、色彩心理学的に拒絶を意味するので、こういうシーンではNG。ぜひ、ワインレッドや青紫のような、妖艶さ漂うフェロモンカラーで目元を演出して、じっと彼の瞳を見つめてみましょう。

招待された結婚式&披露宴を
恋のチャンスにするためのカラーテクニック

　結婚式や披露宴では、ドレスやワンピースの色やデザイン選びに迷うもの。大勢の人が集まる場ですから、ラブチャンスの確率も高くなります。服装の基本は、花嫁さんより目立たないこと、純白はNGということ。黒は選ぶ人が多い色なので、没個性と見られます。また、せっかくのおめでたい席ですから、幸せ気分満開の色を身につけて。「どんな関係の方に招かれたか」も、選ぶ際に考慮してみましょう。

会社関係のとき

オフィスとは違う個性を打ち出してみて。愛らしさをアピールしたい人には、**ピンク&茶**系の組み合わせがおすすめ。顔が映える**ピーチピンク**のAラインワンピースに上品な**キャメル**のファーボレロといった組み合わせは女子力をアピールします。

友人関係のとき

みんなで会話を楽しむことを意識した色づかいをしてみましょう。コミュニケーションカラーである黄色の入った**サーモンピンク**のワンピースに、**アイボリー**系のショールなど。

親戚関係のとき

親しい人たちが多いときには、より楽しく朗らかなイメージを作る淡い**ペールオレンジ**のワンピースがおすすめ。この色は心理的距離感を縮めるので、誰とでも仲良くなれたり、人から紹介を受けやすくなったりします。

恋人期間中編

恋人に浮気されたくないとき

（オールドローズ）

　恋人に浮気をさせないためには、あなたに夢中で、他の女性に興味が持てないという状態にしていくべき。そのためには、幅広いテーマで話せる会話力や、同じパターンではないファッションやメイクをしていることも大切。また、いつもと違う別世界へ旅することでも、愛の刺激を彼に与えることができるでしょう。

　そのために、あなたの部屋のインテリアに**オールドローズ**を加えましょう。この色は神秘的な紫の入ったピンク。ソファーカバーなどに使うのがおすすめです。そして、官能と愛を深める秘薬のようなアロマであるゼラニウムの香りを焚き、濃密な愛の時間を深めましょう。

ふたりの絆をもっと深めたい

（オレンジ）

　もっと彼と仲良く、絆を深めていきたいときには、さりげない思いやりと彼のグチや泣き言、文句などを優しく受け止めてあげるこ

とも、ときには必要かも。本来、男性は母親に子供が甘えるように、包み込んでほしいのかもしれません。

恋人との絆をもっと深めたいときは、彼の心を温かく包み込む**オレンジ**がおすすめ。この色のテーブルクロスを敷いた食卓で、手料理を彼に振る舞いましょう。その際、オレンジやオレンジに黒を混ぜた茶系の器に盛ると、より家庭的な雰囲気を感じて、彼はあなたを未来のお嫁さんにしたくなるかも。なお、NGカラーは濃紺。この色はふたりの間に距離を作りやすい色です。

ケンカした恋人と仲直りしたいとき

オフホワイト

ロイヤルブルー

ワガママな振る舞いをしたり、自分の思い込みで彼を責めたりと、自分が原因で彼とケンカをしたときには、自分自身を清める効果のある**オフホワイト**の力を借りましょう。この色の下着とワンピースを身につければ、謙虚で素直な気持ちを彼に伝えることができます。その結果、彼の怒りがしずまり、再び仲良くなれるでしょう。

また、相手が原因でケンカをしてしまったときは、深みのある青である**ロイヤルブルー**

を。ロイヤルブルーなど青系統の色は、心のマイナス要素を解放して、精神を落ち着かせます。この色の石であるラピスラズリをお守りにして、彼と仲直りしましょう。仲直りを望むときのNGカラーは朱赤。かえって彼の怒りに火がついてしまう恐れがあります。もし使う際も、ベルトなど最小限に止めましょう。

今の恋人が運命の相手であるか見極めたい

紫

　運命の人と出会うためには、自分の中の直感力を磨いていくことが大切。相手の外見や背景にある環境などにとらわれず、心の眼で相手を見ることが、幸せな恋愛をもたらして、良い結婚へとつながっていきます。

　相手の心の中を見抜くためには、洞察力と直感力を与えてくれる**紫**のアメジストの石を身につけましょう。アメジストは、冷静な判断力や、純愛さえも授けてくれるといわれています。とくにハートモチーフは、彼の真実を知る助けとなってくれます。

　愛を重んじる人なのか、お互いに欠点をさらけ出しても大丈夫な人なのかなど、精神的な面で相手を選べば、悲恋になることは少ないでしょう。

彼に「もっと頻繁に会いたい」と思わせたい

コーラルピンク

　大好きな彼と付き合えたなら、時間がある限り、たくさん会いたくなってしまうのは、女心。でも、自分ばかり誘うより、彼からもっと誘ってほしいものです。

　彼にもっと頻繁に会いたいと思わせたいときには、一緒にいると和み感たっぷりで幸福感を味わえる**コーラルピンク**が最適。コーラルピンク系のチーク、口紅、ネイルなどはマストアイテムです。アイラインとマスカラは、恋愛運を低下させる黒やグレーではなく、茶系にしましょう。ライトグレーは、一緒にいる相手をさびしい、つまらない気分にさせてしまう恐れがあるので控えましょう。

　また、一緒にいるときは、自分のすべてをさらけだそうとしないこと。男性は、秘密めいた女性を追いかけたくなるものです。

もっとエッチを充実させたい

チェリーピンク

　精神的な愛のもとに、肉体的な愛を深めることは、最高の愛の喜びにつながります。

　精神的にも肉体的にも素晴らしい愛を深め

て、もっとエッチを充実させたいときには、青みの入った**チェリーピンク**を。チェリーピンクのランジェリーで、彼と溶け合ってみては。枕元には、濃いピンク系のバラを一輪飾っておくと、恋愛運もアップします。

彼にもっと信頼されたい

ブルーレッド

あなたが仕事で忙しく、人と会う機会が多いほど、彼がヤキモチを焼き、それがあなたに対する不信感につながることも。信頼というのは、すぐにできるものではなく、地道に長い時間をかけて育てていくものです。

彼にもっと信頼されたいときには、ゆっくりと愛を育んでいくことができる、**ブルーレッド**の力を借りましょう。青の信頼性と安心感に、深い愛を伝える赤が入った色なので、ふたりの絆が深まります。この色のフォトフレームなどで、一緒に写った写真を飾ってみると、信頼感がアップするでしょう。

反対に、NGカラーは黄色。この色はコミュニケーションカラーである一方、八方美人に思われやすい面もあるので、信頼を得たい時期は控えめにしましょう。

恋の障害を乗り越えたい

朱赤

　相思相愛のふたりだけど、親の反対など結婚できない理由がある……。そんな障害のある恋を乗り越えたいときは、邪気や不安をはね飛ばし、へこたれることなく情熱的な愛を注いでいける、**朱赤**パワーを全開にしていきましょう。

　朱赤は、カラダの奥底からパワーをみなぎらせてくれる色。ふたりに何が起ころうとも愛を強化させて、邪魔するものを乗り越えていく力を与えてくれるはずです。なかでも朱赤系の石であるカーネリアンは、勝利へ導く石。つねに持ち歩くことで、恋の障害に必ず勝つパワーが得られます。

付き合って1年、エッチの回数も減った彼に もっと女性として愛されたい

マゼンタ

　付き合って1年ぐらい経ち、同じようなデートばかりしていると、新鮮な気持ちが薄れてしまいがちです。

　もし彼が最近そっけない態度を取り、エッチの回数も減っているようなら、刺激が必要。

そのためには、あなた自身の新たな魅力を打ち出していくべきでしょう。いつもと違う、官能的な美を演出するためには、華やかさをアピールする**マゼンタ**のバタフライモチーフのピアスがおすすめ。ユラユラ揺れるタイプのものだと、より彼の心をくすぐりやすくなります。この色は、女子力を上げて、強い引力で彼の心を自分のほうへひき寄せます。

NGカラーは、老けた印象を与えやすい深緑や茶色。使うときは、レギンスに取り入れる程度にしましょう。

遠距離恋愛を乗り越えたい

水色

愛する恋人と離れて暮らすことは、さみしいですが、つらいこととらえずに、逆に愛を育むチャンスへと変えていきましょう！

遠距離恋愛をうまく乗り越えたいときは、**水色**がおすすめ。水色は人の心を優しくし、相手に対して思いやる心を芽生えさせてくれます。彼と会うときには、水色のエプロンをして、あなたの愛情のこもった手料理を振る舞ったら、プロポーズされる可能性が高まるかも。スキンシップや、愛の言葉でお互いの気持ちを確認することも忘れずに。

恋人とのマンネリ状態を打破して、楽しい未来を描きたいとき

ショッキングピンク

　恋人との間にマンネリがあると、未来への不安が募りやすくなります。未来へのマイナスイメージは、禁物。彼とずっと仲良しでいられるイメージを意識的に浮かべましょう。

　彼とのマンネリを打破して、もっとラブラブになりたいときは、楽しい恋愛を与えてくれる**ショッキングピンク**を活用しましょう。この色のフリルワンピースを着て、デートに出かけてみて。風水では、とくに水に関連するスポットへ行くことが、恋愛運を強化させるといわれています。ぜひ、休日は水族館や湖、海などで思いきり羽を伸ばしてデートしてみてください。緑とグレーは、ふたりの間にあいまいな空気を漂わせてしまいがちなので、NGカラーです。

恋人が私以外の人と話すこともイヤ！そんな嫉妬心を鎮めたいとき

ミントグリーン

　嫉妬の感情は誰にでもあり、なかなか鎮まりにくいかもしれません。でも、それをむき出しにすると、相手は嫌になってしまいます。

嫉妬心は自分の運気にはね返ってきますから、ただちに断ち切ることが開運のカギとなります。

　嫉妬心を鎮めたいときは、心身のバランスをとり、深いリラクゼーションへと促してくれる**ミントグリーン**がおすすめ。この色は、清涼剤的な役割を果たしてくれるので、ぜひ入浴剤に取り入れてみて。また、浴室にミントのハーブを飾ると、より気持ちが穏やかになり、嫉妬心が浄化されるでしょう。

COLUMN

彼が幻滅するかも!?
デートのときにできるだけ避けたいカラーは?

　恋愛は夢のような楽しい世界。彼や気になる男性とのデートのときは、ドリーミーなラベンダーなどの紫が入ったピンクがおすすめです。一方、デートのときのNGカラーは、紺、黒、グレー。この3色はオフィスカラー。彼はその色を目にすることで、仕事という現実の世界に引き戻されてしまうかも。

もしかして私って尻軽？
自分の浮気心をしずめたい

紺

　恋多き人生は、バラ色かもしれませんが、いつか本命の彼を失う可能性も高いといえるでしょう。安定した恋と結婚を望む人は、自分の浮気心をどうにかしなければなりません。

　浮気心が出てしまったときには、自分の欲望を抑えてくれる効果の高い**紺**をお守りカラーに。

　本命以外の男性と遊びたいと思ったときには、紺の下着で浮気心をおさめましょう。自分を抑えることができれば、ごほうびとして、幸せな恋と結婚がセットでやってくるでしょう。

彼から別れを切り出されそうな予感。
恋のピンチを大逆転させる色は？

青紫
純白

　お互いの相手を思いやる気持ちが薄れてくると、ケンカが絶えなくなり、取り返しのつかない事態を招いてしまいます。

　そうならないために、冷静になってすべての悪いことを浄化してくれる**青紫**と**純白**を、大逆転のお守りカラーとして活用しましょう。

たとえば上半身は青紫、それに白いスカートを合わせてみて。そして、冷静になり、素直な気持ちになって、彼に対する感謝の心を伝えてみましょう。きっと彼の心のマイナス要素が解きほぐされて、もう一度仲良しになれるはずです。

自分の行きたいデート先に誘うためには？

ペールイエロー

デートの場所が彼が行きたいところばかりだと、ときには自分の行きたいところでデートしたいもの。そのためには、楽しくウキウキする気持ちを彼に芽生えさせてあげることが必要です。

そんな願いをかなえてくれる色は、淡い黄色である**ペールイエロー**。黄色系統の色は、私たちにたくさんの楽しさや喜びをもたらしてくれます。行きたいデート先に誘うときには、ぜひペールイエローのワンピースで楽しさオーラを満開にしていきましょう！　その際、目元にもその色のアイシャドーを塗っておくと、より効果的です。

彼の友達に彼女として紹介されたい

ベビーピンク
ミントグリーン

　付き合う期間が長くなってくると、やはり本命の彼女だと周囲の人たちに認められたいもの。彼の友達に紹介されるということは、あなたが彼にとって一番大切な存在だというアピールでもあるのです。

　友達に紹介しようと思わせるには、普段のメイクの色づかいをひと工夫。原色系のカラーではなく、**ベビーピンク**のグロス＆**ミントグリーン**のアイシャドーで、愛と安らぎを感じるメイクにしましょう。どちらの色もナチュラルで柔らかいイメージなので、誰にでも紹介できる安心感と可愛らしさのある女性と思われます。そして、実際に彼の友達と会うときも、ベビーピンク＆ミントグリーンの組み合わせで対応しましょう。

彼からもっと電話をもらいたいとき

紫

　付き合いはじめのころは、自分から追いかけたり、彼に恋焦がれているムードを出しすぎると、早く飽きられたり、重たく思われる危険も。心をクールに引き締めて、追いかけられ

る立場に切り替えていくことがポイントです。

そんなときにおすすめのカラーが**紫**。スミレの花のような紫が、恋の高まりを抑えて、女子としての魅力を上げてくれます。

ぜひ、そんな紫の携帯ストラップなどをつけて、自分から連絡しすぎないよう心を抑えていきましょう。その結果、彼からの電話が増えていくようになるはず。

付き合っている彼におねだりしたいときは?

ピンク
クリームイエロー
サーモンピンク

彼に気を遣いすぎている人ほど、おねだりがうまくできないと思います。甘え上手な人は、彼の心をトリコにしている証拠。おねだりを成功させていくためには、風水でも恋愛運を好転させるといわれるアイスクリームを一緒に食べてみましょう。そのとき恋愛運アップのおすすめカラーである**ピンク**のストロベリーアイスを一緒に味わってみて。

また、デートファッションは、おねだり運がかなってしまう**クリームイエロー**をメインカラーに使い、幸せな恋愛を想起させる**サーモンピンク**をさし色に使ってみて。あなたがほしいものを彼がプレゼントしてくれるかもしれません。

彼に自分の友達と会ってもらいたいとき

ターコイズ
ブルー

　自分の友達に彼を紹介することは、彼との関係が深まっていくことにつながるはず。だから、とくに信頼できる親友には、彼に会ってもらいたいもの。そんな気持ちをかなえるためには、スムーズに事が運び、彼の心を穏やかにさせる**ターコイズブルー**がおすすめ。ターコイズブルーの色をした海でデートをしているときに、友達を紹介したいと話してみましょう。

COLUMN

幸せは指先から。恋愛力アップのために取り入れたいネイルアートは？

　風水では「縁は爪先から入ってくる」といわれています。良縁をつかみたい人は、ぜひとも指先をキレイに彩ってみましょう。

　ネイルアートの中でも、一番おすすめのデザインは、フレンチネイル。爪先をホワイトにコートすることで、キュート＆上品な指先を演出できます。もっと女性らしいイメージを印象づけたい人は、フレンチ部分の面積が大きい逆フレンチも効果的。良縁モチーフのリボン＆フラワーをつけることも、気持ちを恋愛に向かわせるためにおすすめです。

彼にもっと「好き」と言ってもらいたいとき

ローズピンク

　彼が口下手でシャイなタイプなら、なかなか「好き」と言ってくれないかもしれません。でも女子としては、彼からの愛の言葉やほめ言葉は、一番の美容液になります。

　大好きな彼からもっと「好き」と言ってほしいときには、青みを含んだ**ローズピンク**を使います。デートのときに、この色のリボンやラインストーンがついたカットソーを身につけてみて。ローズピンクは、優しい女性らしさと上品な色気を伝えてくれるので、彼は愛の言葉を発してしまうでしょう。

　さらに、恋を呼ぶローズクォーツをお守りにしたり、デート前に女性らしさを目覚めさせるジャスミンティーを飲んでみましょう。

彼からもっとデートに誘われたいときには？

ゴールド
ラベンダーピンク

　大好きな彼とのデートは、日ごろのストレスも吹き飛んでしまうほど、セラピー効果たっぷりでしょう。たくさん彼に会って、癒されて、幸せ気分をチャージしたいものです。
　もっとデートに誘われたいときは、ピアス

の色に願いを込めてみて。ピアスの色は**ゴールド**で、花やハートのラブリーな形がおすすめです。さらにゴールドのピアスに**ラベンダーピンク**などピンク系の石がついていると、より一層効果的です。癒しの女神オーラを演出できるので、彼はもっとあなたに会いたいと思うはず。

彼の束縛がすごい……。もっと自由にさせてもらいたい

深緑

ダークブラウン

彼からの束縛は、ときには愛されている感があって満足かもしれません。でも、度が過ぎると、息苦しいし、さらには恐くなってしまうことも……。

彼の束縛から解放されたいときは、カーテンやソファーなどのインテリアに**深緑**と**ダークブラウン**を使いましょう。深緑は安心・安全を感じさせる色。ダークブラウンは安定感をイメージさせる色です。彼があなたの部屋を見たとき、不思議と安心感が湧いて、束縛しなくなるかもしれません。

また、あなたのほうからマメに電話やメールをすれば、彼は安心感を得て、あなたを追いかけて束縛しようとしなくなるかも。それ

でも普通ではない束縛をしてくる彼だったら、交際を見直してみて。

彼を不機嫌にさせずに、デートの約束などを断りたい

黄緑

いつも彼とばかり過ごしていると、ひとりの時間を楽しむことができなくなってしまいます。たまには、彼からの誘いを断って、恋愛以外の時間を過ごしたいもの。

彼からの誘いを、彼を不機嫌にさせずに断るためには、楽しい気持ちにさせる黄色と穏やかな気持ちになる緑の入った、**黄緑**が役立ちます。

最も効果的なのは、黄緑色の世界を堪能できる、緑あふれる公園でデートすること。そのときに、次のデートの約束をやんわりと断っても、彼の心も自然と落ち着いて、嫌な気分にならないでしょう。

もっとモテ女子になるための
パステルカラー活用術

　風水では、女性は濃く強い色よりも、淡いパステルカラーのほうが、幸運を招きやすいといわれています。また、男性の場合、原色のほうが運を強めることができます。

　なぜパステルカラーが女子力アップにつながるのかといえば、家庭的で、誰にでも好印象を与える上品な女性というイメージを演出できるからです。結婚願望が強い人ほど、パステルカラーのキレイ色を活用すると効果的でしょう。結婚したい人は暗い色はNGです。

とくにおすすめのパステルカラー
アプリコット・ピーチピンク・ベビーピンク

パステルカラーをおすすめしたいタイプ
　周りの人から気の強い印象や、近寄りにくい印象をもたれる人ほど、パステルカラーをファッションに活用してみると、優しい印象を与えることができるでしょう。

パステルカラーと相性の良い色
　パステルカラーをコーディネートする上で相性が良い色は、**純白**や**ベージュ**、**クリームイエロー**、**アイボリー**などです。淡く優しい色には、同じように優しい色が合わせやすく、イ

メージも柔らかくなります。

時計やアクセサリーに取り入れるとき

　恋愛力アップを望む人には、**ピンクゴールド**がおすすめ。この色は柔らかいピンクなので、定番アイテムのカラーとして使ってみましょう。

こんなときにとくにおすすめ

　最近トラブルが多いと感じたら、しばらく純白の下着を身につけて浄化してから、**淡いピンク**のメイクやファッションをしてみると、幸運を招きやすくなります。

　恋愛体質を活性化していきたい人は、パステルカラーのワンピースを買ってみましょう。また、お菓子のマカロンのようなやや明るめのパステルカラーも、女子力アップに効果的で、男子受けも良さそうです。

　ファッションやメイクだけでなく、仕事グッズや定期入れ、小物類、携帯や携帯ストラップなどにも、パステルカラーを活用しておくと、自然に周囲から、「可愛くて優しそうな人」と思われやすくなるでしょう。小さな細かい部分にも、取り入れてみてください。

プロポーズ・結婚編

付き合って2年経つ彼に そろそろプロポーズされたい

ラベンダー

ミントグリーン

　付き合って2年ぐらい経つと、そろそろお互いのことをよく知り、結婚について考えていきたいと思うころ。相手がプロポーズをしてもいいかなと思う状況を機敏にキャッチすることが大切です。

　たとえば、彼が仕事でミスをして落ち込んでいるとき、病気やケガに見舞われたときなどに愛情を注げば、献身的に支えてくれるあなたを見て、あなたを未来の花嫁と心に決めるかもしれません。

　彼にストレスがありそうと感じたら、癒しオーラを放つ**ラベンダー**と**ミントグリーン**を身につけましょう。

　たとえば、ラベンダーのカットソーを身につけて、ネイルもラベンダー系を。アイメイクには、爽やかさを伝えるミントグリーンをのせて。その際に、マスカラは**深緑**か**ダークブラウン**にすると、落ち着きのある優しい目元を演出することができます。

気をつけたいNGカラーは赤茶(レンガ色)。この色を好んで使っていると、相手に重たいイメージを与えることがあります。

彼の両親に気に入られたい

- ベージュ
- 桜色
- ピーチピンク

愛する彼との結婚を考えているのなら、彼の両親に好かれることも、幸せな結婚への必要条件。第一印象が大切なので、上品で優しいイメージを演出しましょう。

彼の両親に気に入られたいときは、上品で和みを感じさせる**ベージュ**を着こなしてみて。実際に会うときは、ベージュのニットやカットソーに、家庭の安定感をイメージさせる茶色のスカートを合わせてみましょう。そしてメイクには、**桜色**や**ピーチピンク**など柔らかいピンクを。この茶系とピンクの組み合わせが彼の両親に好印象を与えるはず。

NGカラーは、意外かもしれませんが、純白。純白を着用すると緊張しやすくなるので、控えたほうが無難です。

自分の両親に彼を会わせるとき

紺

水色

　自分の両親に彼を紹介するときは、親が気に入ってくれるかどうか、少し不安かもしれません。自分も彼も不安感を取り除き、両親にも気に入ってもらうために、信用と安心感を伝える**紺**と**水色**のパワーを活用しましょう。彼には、紺のジャケットに、水色のシャツを着るように伝えてみて。あなた自身は緊張から解放されて、楽しく話がはずむように、**ペールイエロー**のシャツに**クリームイエロー**のスカートなどを組み合わせて。淡い黄色系を身につけておくと、みんなに明るさと楽しさが伝わって、和みムードになるでしょう。

自分のほうからプロポーズするとき

ラズベリー

　彼がなかなかプロポーズしてくれないようでしたら、あなたのほうから結婚を切り出してみることも必要です。

　自分がプロポーズするときに力になる色は、開運カラーの代表色である赤系統の色は外せません。とくに、紫みのある赤である**ラズベリー**を取り入れてみてください。青は相手を

穏やかにさせて、赤は前向きな心と情熱をもたらしてくれます。ここぞというときの自分からのプロポーズには、ラズベリーのワンピースや、グロス、ネイルなどで臨んでみて。純粋に彼に対する素直な愛の気持ちを伝えてみれば、きっと彼の心に通じます。

なお、コバルトブルーは女性らしさが消えてしまう色なので、プロポーズ時はNGです。

「永すぎた春」はイヤ！
長年交際中の優柔不断な彼と結婚したいとき

ベビーピンク

クリームイエロー

何年も付き合っている彼の気持ちが、結婚に向かわない。すでに同棲していながら、結婚話をはぐらかされ続けたりすると、不安や焦りで気持ちが不安定になります。

そんな煮えきれない態度の彼と結婚するためには、幸せな家庭の香りを感じさせる**ベビーピンク**と**クリームイエロー**の2色を、こぞというシーンで身につけましょう。誕生日や記念日など区切りになりやすい日は、クリームイエローのワンピースに、ベビーピンクのカーディガンを。この2色は、男性を居心地よくさせるので、彼も「そろそろ結婚もいいな」と思うようになるかも。

気持ちが不安定になりやすい婚約期間中におすすめの色は?

ホットピンク

ゴールド

　婚約が決まると、ハッピー気分になる一方、結婚式の準備で彼と意見がくい違ったり、将来に対する不安を感じたりと、気持ちが落ち込むことも。そんな婚約から結婚までの期間におすすめの色は、濃いピンクである**ホットピンク**。この色は緊張やプレッシャーから解放して、未来を楽しいものと感じさせてくれます。そして、心からの充実感を感じる**ゴールド**も取り入れましょう。

　ホットピンクはパソコンのマウスやマグカップなど、身の回りのものに使うのがベスト。ゴールドは、時計やピアスなど直接肌につけるものに取り入れ、お守りのように大切に使いましょう。

マリッジブルーから解放されたい

山吹色

　結婚式が近くなってくると、「本当にこの人でいいのだろうか」と、不安な気持ちになりやすいもの。マリッジブルーから解放されたいときは、明るい光を感じる**山吹色**のパ

ワーを活用してみて。濃い黄色には温かみがあり、ふたりの結婚生活が輝いているように感じられるでしょう。カーテンを山吹色に変えてみれば、彼との未来にもっと希望が持てるようになります。

理想の結婚生活を実現させたい

サーモンピンク

理想の結婚生活をかなえるためには、将来の計画を立てていくことが大切。まずは幸せな願い事をノートに書き出してみましょう。「赤ちゃんは、何年後にほしい」「都心のマンションを購入」「軽井沢に、何歳までに別荘を買う」など。

楽しい未来予想図を考えるときは、**サーモンピンク**の厚めの画用紙を用意しましょう。サーモンピンクは黄色の希望と、ハッピーホルモンを分泌するピンクの混ざり合った、夢を実現するためには頼りになるカラーです。

住みたい家のインテリア、なりたいママ像など、理想のイメージをかきたてる写真を雑誌や新聞から切り抜いて貼ってみましょう。

結婚準備をはかどらせたい

コバルトブルー

純白

　結婚式までには、やらなければならないことがたくさん出てくるでしょう。そんな忙しさから解放してくれ、よりテキパキと準備を進められる色は、**コバルトブルー**と**純白**です。この2色は、疲れを和らげて、爽快感を感じさせてくれます。また、集中力を高めてくれるので、物事がスムーズに運べるようになってきます。

　結婚式までにやるべきことを書くためのノートに、この2色を使用してみて。ノートは表紙がコバルトブルーで、中が純白のものがベスト。ぜひ、ノートに準備リストを書き出して、素晴らしい結婚式を迎えてください。

ハネムーン中、ずっとハッピーでいたい

ベビーピンク

ペールイエロー

　ハネムーンはふたりだけで思い切り羽を伸ばして、楽園気分に浸りたいもの。ハネムーン中にケンカをすると、心身が疲れ果ててしまい、その後の生活にもひびが入りそうなので、ぜひとも避けるべき。

　ハネムーン中、ずっとハッピーでいたいと

きは、**ベビーピンク**と**ペールイエロー**という、愛と楽しみ事をもたらす２大カラーを。

たとえば、彼のシャツをペールイエローに、あなたのワンピースやＴシャツなどをベビーピンクにしてみましょう。２色とも、柔らかく明るい色なので、ずっと朗らかで仲良し気分でいることができるでしょう。

結婚後もずっと新鮮な気持ちでいたい

アクア

アプリコット

結婚生活が長くなると、男女の関係というよりも、気の置けない同居人とか子供の両親という感覚になりやすいものです。

結婚してもずっと恋人同士のような新鮮な気持ちでいたいときは、フレッシュで爽やかなイメージの青色である**アクア**や**アプリコット**がおすすめ。リビングには、アプリコットのソファーカバーに、アクアのクッションを置いてみましょう。ちなみに風水では、クッションは奇数個置くと運気がアップするといわれています。この２色のパワーで、ふたりの恋が始まったときの感覚に戻れば、夫婦関係のラブ度が高まっていくでしょう。

COLUMN

結婚！　憧れのふたり暮らしスタート!!
目的別　彼との新生活に取り入れたい色は？

　大好きな彼と結婚して、新生活が始まるときには、インテリアにも凝りたくなってしまうもの。ふたりだけの新しい世界。一緒に築いていきたい生活や家庭のイメージを色でまとめるのもいいでしょう。インテリアだけでなく、花や観葉植物などから生きた色の力を取り入れるのも効果的です。

家庭運を上げたい
･･･▶ コーラルピンク・ベージュ

　コーラルピンク＆ベージュは、良妻賢母になれる、まさに家庭運を上げる味方カラーの代表的存在。ソファーやカーテンの色に最適です。

ずっとラブラブでいたい
･･･▶ マゼンタ・オレンジ

　結婚後も恋人同士のように、ときめきのある生活を送るには、愛の生命力を送り込むマゼンタと、家族の絆を生むオレンジを。この２色の花を飾ってみて。

ゆっくりくつろぎたい
･･･▶ アクア・ベージュ＆茶系

　つねにリラックスできるような雰囲気の家庭にしたい。そんな願いをかなえる色は、癒し効果の高いアクア、ベージュ＆茶系。くつろげるソファーやベッドの色に。

友人に気軽に遊びに来てほしい
･･･▶ 黄色・オレンジ

　友人には気軽に家に遊びに来てほしいもの。そんなアットホームな居心地の良いカラーは、親しみやすい黄色＆オレンジ。料理やランチョンマットの色に。

彼に早く帰宅してもらいたい
･･･▶ オレンジ・ミントグリーン

　家庭の温もりを感じるようにすると、彼の帰宅も早いはず。和み＆リフレッシュ効果の高いオレンジ＆ミントグリーンを。ダイニングやリビングなどに。

お互いの時間も尊重したい
･･･▶ 深緑

　お互い必要以上に干渉せずに、それぞれの時間を尊重するライフスタイルを望むときは、ふたりの空間を仕切る場所に深緑の観葉植物を。

結婚後もこれまでの友達と仲良く付き合いたいときには？

青
水色

　結婚すると、それまで仲の良かった友達との連絡が途絶えてしまうことがあります。でも、仲の良い友達とは、いつまでもつながっていたいもの。頻繁に会えなくても、定期的に近況を伝えあって、友情を育みましょう。

　友達と会うときは、爽快感あふれる**青**や**水色**の寒色系のワンピースなどを選んでみて。穏やかな色のパワーで気持ちがリフレッシュして、友情をより深めてくれるでしょう。また、海や湖、噴水、緑が近くにあるカフェやレストランで会うことも、癒し効果抜群でおすすめです。

早く赤ちゃんがほしい！ベビーを授かるために効果的な色はある？

マゼンタ
朱赤

　結婚したら、愛する人の子供がほしくなるもの。子供を授かるためには、つねに女性ホルモンを活性化していくことが大切です。そしてカラダを冷やさないことも重要。カラダや子宮が冷えてしまうと、妊娠しにくくなるといわれています。

女性ホルモンや冷え症の改善に効く２大カラーは、**マゼンタ**と**朱赤**。２色とも女性のカラダを守り抜くパワーを持っています。パジャマや下着、靴下など直接肌につけるものにこの色を取り入れましょう。

夫の会社の人たちとうまくやっていくためには?

ペールイエロー

　彼女ではなく妻の立場となったのなら、彼の職場の人と会う機会があるかもしれません。あなたが彼の上司とうまくやっていくことは、彼に対する評価にもつながるでしょう。

　こうした人間関係を良くしていくためには、**ペールイエロー**など淡い黄色系のものを身につけましょう。黄色はコミュニケーションカラーであり、人との絆を優しく築いていってくれます。とくに、パワーストーンである、黄色系の石のアラゴナイトは、「愛情と友愛の石」と呼ばれ、社交性を高めて、良い人間関係を作るといわれています。また、集中力を高めて、感情のバランスも整えてくれます。

　こうしたシチュエーションでのNGカラーはダークブラウン。この色は若さに欠けた印象を相手に与えてしまうので、注意しましょう。

結婚後も夫に女性として見られたい

モーヴピンク

オーキッド

　結婚すると、お互いに慣れ合ってしまい、夫から女性として見られていないのではと不安を感じるときがあるかもしれません。いつも女性であることを楽しみ、美しさを高めたり、内面磨きをしっかりすることが、夫への良い刺激になるでしょう。

　そのために効果的なカラーは、胡蝶蘭の色のような**モーヴピンク**や、**オーキッド**と呼ばれる紫の入ったピンク。これらの色をエプロンや下着、ネイルなどに取り入れることで、フェロモンが高まり、夫の心をつかむことができるでしょう。

マイナスの恋をプラスに変える編

大好きな彼にふられてしまったので、立ち直りたいとき

ペール
オレンジ

　大好きな彼と別れてしまったり、片思いの彼にふられてしまったりしたら、とても悲しくて切ない気持ちでいっぱいになってしまうでしょう。

　失恋から立ち直りたいときは、ショックを吸い取り、優しく守ってくれる**ペールオレンジ**の力を借りましょう。淡いオレンジ色の抱き枕にすがって、思い切り涙を流すとスッキリします。オレンジ系の色は、心理的なブロックを取り除く効果も抜群です。

　ちなみに、イルカは幸運の使者と呼ばれ、新たなラッキーを運んでくれると共に、心の傷も癒してくれるそうです。イルカグッズも、オレンジ効果と一緒に活用してみると、元気が回復して、次の恋へ向かえるパワーがチャージされるでしょう。

別れた彼とやり直したいとき

ローズレッド

　別れた彼に執着しすぎると次の恋にも進めません。でも、どうしてもあきらめきれず、やり直したいときには、復活愛のパワーをくれる**ローズレッド**を身につけて、実際に会って、素直にあなたの気持ちを伝えてみてください。

　ローズレッドは、やや紫を含んだ赤。彼の心に火をつける、愛の情熱カラーです。彼に再会する日は、この色の下着を身につけて、自分自身に勇気と自信を与えましょう。バラの模様も復活愛のパワーを授ける効果があるといわれているので、バラ模様のローズレッド色の下着がベスト。グレー系の色は恋愛運を低下させる色。彼の心をさらに遠ざける結果になりかねないので、使わないように。

苦手な人からの誘いを上手に断りたいとき

ナス紺

　好きなタイプではない人に好かれて、好きな人には縁がないということは、よく聞く話です。でも、もし苦手なタイプの人が、仕事関係の人だったりすると、断りにくいでしょう。

相手の誘いを上手に断りたいときは、誠実さと知性をイメージさせる、**ナス紺**のパワーを活用します。男性的なイメージのナス紺のパンツスーツで会い、「申し訳ございませんが、仕事で都合がつきません。また今度、皆さんとご一緒に」と、丁寧な対応を心がけてみましょう。そして、個人的に会うのを避ける言い方をすれば、きっと相手はわかってくれるはずです。

ダメンズ彼との恋をきっぱり終わらせたい

黒

純白

シルバー

あなたの真の幸せと大切な時間を奪い取る、ダメンズとの交際は、ただちに終止符を打つべき。いつまでもズルズル続いていたら、運命の人との出会いも消えてしまうかもしれません。

そんなダメンズとの恋をきっぱり終わらせてくれるカラーは**黒**と**純白**。断る力が大きく、威厳を放つ黒いスーツと、邪悪なものを寄せ付けない白いシャツを着て、別れを告げましょう。また、鎮静化作用の高い**シルバー**のネックレスや指輪を身につけておくと、落ち着いて別れを切り出せるでしょう。

別れて半年以上経つのに、忘れられない元彼への執着心をなくしたい

ウルトラマリンブルー

　何ごとも執着することは、運命を好転させることを阻んでしまいます。仏教でも、渇愛という、愛することばかり求めて、追いかけてしまう愛の地獄の苦しみを表す言葉があります。そんな状況のままでいれば、心の病になる恐れも。心の中に棲みついている元彼への執着心を取り出してしまいましょう。

　そのためには、**ウルトラマリンブルー**が効果的。聖母マリアのローブの色でもあるラピスラズリの色に近いこの色が、聖なるパワーで心を解放してくれます。この色のベッドカバーや枕カバーで眠れば、いずれ執着心が消えていきます。そして、心を入れ替えて、もっと笑顔いっぱいでいられる、新しい恋に向けて前進していきましょう。

不倫関係にある大好きな彼。関係を自然な形で清算したいとき

ミントグリーン
紺

　妻子持ちの恋人に、結婚は期待できません。また、彼の奥さんから恨まれるエネルギーは、あなたの運を低下させるので、早めに自然な形で清算しましょう。

　そのために効果的なカラーは、心身を穏やかにする**ミントグリーン**。この色のシャツに、きちんとした対応ができ、誠実さを感じさせる**紺**のスーツを身につけて彼に会いましょう。ダイヤモンドがある人は、お守り代わりに身につけていくと、すべての邪気をはね返してくれます。また、夕方や夜は、関係を引きずりやすいので、会うのは午前中か、太陽が昇っている時間帯を選びましょう。

少し気になる既婚者の上司を誘惑したいとき

ボルドー

　既婚者と付き合うのであれば、結婚は望まないと決めるか、結婚願望があるなら付き合わないようにしておくのがベストです。いっときの楽しい恋愛にしたいのであれば、傷つ

かないように心がけて。深い関係になればなるほど、つらいものです。

　でも、心が既婚者の上司に奪われてしまったら、恋は止まらないかもしれません。そんな既婚者の上司を誘惑したいときには、官能的な小悪魔系にもなれる**ボルドー**を。ワインの名に由来する通り、「誘惑」を表します。ボルドーのマスカラやカットソーを飲み会の席などで身につけてみて。また、年上の彼に愛されるには、額の部分に淡いピンクのパウダーをのせておくと効果的です。

COLUMN

幸せは指先から取り戻す!
失恋した心に効くネイルアートは?

　恋を失うと、心はとても落ち込みます。何もやる気が湧かず、美のお手入れも怠りがちに。傷ついた心の回復にはある程度の時間も必要ですが、新たな恋のために少しずつ動いていきましょう。

　失恋した心を癒すために効果的なネイルアートは、星のモチーフを飾ること。次の恋に積極的に向かう力を与えてくれます。また、どうしても元彼とやり直したいときは、復活愛を意味するバラのモチーフを。なお、ネイルをしても、はがれたままにしておくと、かえって運を遠ざけてしまうので、お手入れは習慣化しましょう。

さらに恋愛力アップ!
インテリアのカラーコーディネート術

　恋愛力をアップしていきたいときは、自宅のインテリアや寝室を恋愛環境にしていくことが大切。毎日暮らす部屋のインテリアの色は、影響力が大きいからです。

　最近、恋愛がうまくいっていないという人は、自然の色のパワーを活用しましょう。テーブルの上に華やかなマゼンタや赤のダリアやローズを飾ってみると、あなたの中の眠っていた女性らしさが目覚めてきます。その結果、積極的に人が多く集まる場所に出かけるようになり、良縁をつかみ取っていきやすくなるでしょう。

インテリアのNGカラー

　黒や**グレー**、**シルバー**などの色みの乏しい空間で暮らしていると、情緒不安定になりやすかったり、マイナス思考になったりしてしまいます。

インテリアにおすすめのカラー

　ピンクや**茶色**、**オレンジ**のような暖色系が恋愛力の強化におすすめ。また、不要な物はどんどん捨てて、運の入り込むスペースを確保しておきましょう。

こだわりたい寝室のカラー

　とくにこだわってほしいのが、寝室の色。幸せに満ちた空間で眠れば、良い夢を見ることができて、あなたの心も恋愛に対してプラスのイメージを持つことができます。ですから、もし嫌でなければ、少しプリンセスモードの寝室を作ってみましょう。女性としての運気を高めるために、フリルのついた**ピンク**や**赤**のローズ柄のベッドカバーや枕はとても効果を発揮します。また、ベッドやタンス、ドレッサーなどは、できれば天然素材の**茶色**の曲線的な形のものを。ピンクと茶色は、コーディネートの相性も良く、安定感をもたらしてくれます。そして、ベッドサイドには、一輪でもいいので、ピンクのバラを飾ってみましょう。これは風水における恋愛運を上げる開運行動です。

ファブリック類は季節感を取り入れて

　季節に合わせてカーテン、ソファーカバー、クッションのファブリック類の色を変えると、運の流れも良くなります。

・**春&夏…コーラルピンク・ピーチピンク**

　淡く、優しい色合いで恋に積極的になれます。

・**秋&冬…マゼンタ・ワインレッド**

　高揚感をアップして、ドラマティックな恋愛力をチャージしてくれます。

COLUMN

自分の好みのタイプを振り向かせたい！
タイプ別 取り入れたいおすすめカラー

　恋の対象ができたら、できるだけその人に気に入られたいと思うもの。ここでは、男性のタイプ別に好む傾向があるカラーを紹介します。ただし、人は多面性や意外性をもつ人に惹かれる面があるので、ひとつの色にこだわらず、さまざまな色を楽しむことも大切です。

穏やかで優しい男性
･･･▶ オレンジ
　相手に対して、いつも優しい態度で接するタイプの男性は、明朗で優しい女性を好む傾向が。太陽のようなオレンジをチークやグロスに取り入れて。

まじめで誠実な男性
･･･▶ ベビーピンク
　誠実な印象を与える男性は、温かい家庭をイメージさせる良妻賢母タイプを好む傾向が。ベビーピンクのアイシャドー＆ネイルの上品レディスタイルで。

バリバリ仕事ができる男性
･･･▶ ラベンダー
　仕事が好きで熱心に取り組む男性は、いつも忙しく、疲れもたまりがち。抜群の癒し効果と色気を感じさせるラベンダーを目元にのせて、会ってみましょう。

スポーツマンタイプの男性
･･･▶ ラズベリー
　体育会系の男性は、フェミニンな女性を好む傾向が。ピンク系の女子力アップカラーや、ラズベリーのグロスで口元から艶っぽさを演出して。

知的な男性
･･･▶ ミルクティー
　知性あふれるインテリ男性は、自分と同じキャラより、天然ボケの可愛い女性を好む傾向が。ミルクティーのような淡い茶色で柔らかさを感じさせて。

リッチ系の男性
･･･▶ ゴールド・クリームイエロー
　リッチな男性は、同じリッチで上質感が漂う女性が好み。財運を呼ぶゴールドとクリームイエローを組み合わせたフレンチネイルで、彼の心をひき寄せて。

いつもハッピーな
心でいられる方法

メンタル＆
友人関係の章

自分の内面編

色々なことがうまくいかずに気分が落ち込んでいるとき

深緑

　自分の思い通りにいかないと、心の中にマイナスのエネルギーがたまってしまうので、より嫌なことをひき寄せてしまうことに。スムーズに良い流れを作るには、ポジティブ思考に変えていく必要があります。

　色々なことがうまくいかずに落ち込んでしまったときには、まず**深緑**で心身共に安らぎのオーラを身にまといましょう。この色の力は自然の中から受けとるのが一番です。ぜひ時間をつくって森林浴に行ったり、山深い場所にある温泉に入って、心身を復活させましょう！

　一方、NGカラーは青紫。この色を身につけると、深く考えすぎて、身動きが取れなくなる恐れがあります。青紫を使うときはマゼンタと併用しましょう。

自分に自信を持ちたいとき

ゴールド

　自分に自信がないと、物事を後ろ向きにとらえてしまい、行動力が鈍り、運を損ねます。そうならないためには、気持ちを奮い立たせてカリスマオーラを放つ**ゴールド**が、強力なお守りカラーとなってくれるでしょう。

　ゴールドは、至福や栄光といった、プラスのパワーにあふれています。そんなゴールド系のメイクで、あなたの顔を彩りましょう。

　アイシャドーやグロス、ネイルなどにゴールドのラメ入りのものを取り入れてみて。ゴールドの輝き効果で、自信強化につながり、積極的な行動力が生まれます。あなたの顔を見た人にも、ゴールドのメイク効果で「輝いているサクセスウーマン」という印象を与えるでしょう。

　反面、ダークグレーを身につけると、自分の心をもっと弱くする危険があるので避けましょう。スーツがこの色の人は、オレンジを取り入れてパワーアップしてください。

やりたいことはあるけど、続かない。
飽きっぽさを直したいとき

濃紺

　「継続は力なり」という言葉があります。多くの成功者は、何が起ころうとも、簡単にあきらめない強い心を持った人たちです。逆に、うまくいかない人は、すぐにあきらめてしまう傾向があるようです。

　飽きっぽい性格を直したいときは、継続心を植え付けて、コツコツと地道な努力を促してくれる**濃紺**を味方につけてください。濃紺の海の絵や写真を部屋に飾って目標に立ち向かっていけば、きっと、ひとつのことをやり遂げることができるでしょう。

嫌なことがあってイライラしてしまう。
イライラを抑えたいとき

ベビーピンク

　イライラは、周囲の人たちにもすぐに伝わるので、円滑なコミュニケーションを阻んでしまいます。苛立ちの感情に見舞われたら、ハッピーカラーの代表色でもある、**ベビーピンク**を身につけましょう。この色のふわふわした素材のパジャマを着たら、心のささくれ

もおさまるはずです。

　ピンクは攻撃的な気持ちにさせるホルモンの分泌を抑える効果があるといわれているので、イライラを解きほぐすには最高のカラーです。また、一番大好きなことをする時間を、毎日少しでいいのでつくりましょう。

　イライラするときは、黄色は避けたい色です。この色は、神経を余計にピリピリさせてしまうことがあるので気をつけましょう。

また失敗してしまった……。もっと慎重になりたいとき

コバルトブルー

　先のことを考えずに行動してしまい失敗したことは誰にでもあるでしょう。後から考えると、お金の無駄遣いをしてしまったり、人に苦言を言いすぎてしまったりなど、多くのシーンであり得ることです。事を起こすときには、あらかじめひとりの時間をつくって、慎重に物事を考えてみましょう。

　カラーセラピー的に慎重になりたいときには、ミスを減らしたり、論理的に物事を考えたりすることができる、**コバルトブルー**が有効です。この色のペンで、やってみたいこと、やるべきことなどをノートに書き出すと、自

分にとって本当にしなければならないことが見えてきます。そうすれば、あわてて失敗することも減るでしょう。

　NGカラーはオレンジ。この色を身につけたり、目に入りやすいものに使うと、慎重さに欠けてしまう恐れがあります。

周りより出遅れている気がする。焦る気持ちを和らげたいとき

シアン

　友達が次々と結婚したり、好きな仕事を手にしたりするのを見ると、焦ってしまいます。でも、人と自分の幸せを比べて悲観的な気持ちになったら、運を下げてしまいます。良い流れに乗るには、マイペースを保ち、心を穏やかにすることが必要です。

　焦る気持ちを抑えられないときは、明るい青である**シアン**のパワーを取り入れてみて。シアンのTシャツや部屋着を着てみれば、ふんわりとした明るい気持ちを取り戻せるでしょう。もっと他にやるべきプラスのことが思い浮かんでくるはずです。

自分のことを認められない。ありのままの自分を受け入れたいとき

純白

　完璧な人などいません。短所でさえも、ときには人間味があふれて、魅力になることもあります。自分の短所も長所も受け入れられるようになると、自分を認めてあげることができ、すべてが好転していきます。

　もっと自分を受け入れたいときは、虹の7色が入った光のような色である**純白**がおすすめ。純白の下着を身にまといましょう。あなたの中の苦しみが浄化されて、ありのままの自分を受け入れられるようになります。

自分を冷静に見つめ直したいとき

ロイヤルブルー

　今自分の進んでいる道は、本当に正しいのだろうか……、今やるべきことは何なのだろうか……など、心に迷いが起きたときは、いったん心身をクールダウンしてみましょう。

　自分を冷静に見つめたいときは、真実の答えを教えてくれる**ロイヤルブルー**を取り入れて。この色は、直感を研ぎ澄まし、頭の中をきちんと整理する作用があります。ロイヤル

ブルーのカップで、ミントティーを飲めば、頭も胃の中もスッキリして、自分を見つめ直す時間をゆっくりと過ごせるはずです。

他人の不幸がうれしく思えるとき

コーラルピンク

もし他人の不幸がうれしく思え、そんな自分に嫌気がさしているのなら、自分も相手にも愛を与えることのできる**コーラルピンク**を取り入れて。相手に会うときでも、自分ひとりのときでも、この色のカットソーなどを身につければ、和やかに愛をたくさん感じ、相手にも愛を与えることができます。

新しいことに挑戦したいとき

オレンジ

現状から脱出して、自分自身を変えていくためには、行動力と強いモチベーションを持つことが必要。新しいことに挑戦するのに最適な色は目標達成へのパワーを授けてくれる**オレンジ**です。この色は、運動神経に良い影響をもたらしたり、強い向上心を与えたりします。新しいことに挑戦する日は、オレンジの下着を身につけましょう。

あなたは何色が好き?
好きな色でわかるその人の性格

赤が好きな人
エネルギッシュで自己主張が強い面がありますが、とても情に厚く、家族思い。心に激しい情熱を秘め、どんなことでも実現していくパワーの持ち主。

青が好きな人
誠実で冷静沈着な人柄。感情だけで行動することはなく、事前にリサーチしてから動くタイプ。話し下手でも聞き上手なので、人を惹きつけることに。

ピンクが好きな人
とても繊細で優しさにあふれるタイプ。甘えたがりの面もあり、男性の本能をくすぐるような無邪気で可愛らしい性格。誰かに必要とされたい人。

紫が好きな人
とても感受性が強く、美しいものが好きで芸術的なセンスに優れている人が多い。社会貢献や奉仕の気持ちにあふれ、精神的なことに関心を持つタイプ。

黄色が好きな人
頭の回転が早く、知的欲求の強い人。「自分は他人よりも知識を持っている」ことに満足感を覚えるタイプ。ユーモアのセンスがあり憎めない一面も。

茶色が好きな人
とても包容力がある誠実な人。保守的な面がある一方、自分の意志はしっかりともっているタイプ。堅実な生き方を好み、人生設計をきちんと立てる人。

オレンジが好きな人
陽気で明るい性格の持ち主で、話し上手の社交家タイプ。どこに行っても中心的存在に。反面、ステイタスや経済力で人を判断する傾向もあり。

白が好きな人
潔癖な性格の持ち主で、いい加減さや軽薄さを嫌う傾向が強い。完璧主義の面があり、とことん頑張り抜いてしまうタイプ。

緑が好きな人
人間関係のバランスをとることに長けていて、とても協調性があるタイプ。謙虚で素朴な人柄が周囲を和ませる癒し系。挑戦より安全を望む人。

黒が好きな人
人と関わり合うことに積極的ではない、内向的な人。威厳があり、人を動かす力を持っている一方、頑固で素直さに欠ける面も。神秘的だと思われたい人。

新しいことを始めた。
あきらめずにやり続けたいとき

朱赤

　新しいことを始めるのは、とてもワクワクします。でも、長続きするかしないかは、そのことに対して情熱を持ち続けられるかどうかが肝心です。

　あきらめずにやり続けたいときは、情熱やバイタリティーの象徴である**朱赤**に力をもらいましょう。手帳など、いつも触れるものを朱赤にしてみて。この色は、鈍った心身に活力を与えてくれるので、良い刺激を受けることができるでしょう。

人の欠点ばかり目につくとき

深緑

　会社や学校で、自分と相性の合わない人がいると、相手の欠点ばかり目についてしまい、ストレスの原因になるかもしれません。

　そんなときは、濃く生い茂った熱帯の森のような**深緑**から、パワーをもらいましょう。深緑は、心身のバランス感覚を整えるので、相手に対して寛大な対応を取ることができます。ぜひ、深緑の観葉植物をデスクの上に置

いてみましょう。きっと、相手の良いところも、キャッチしやすくなります。誰にでも欠点はあると思って、おおらかな気持ちを育てていきましょう。

周りの人ばかり楽しそうにみえるとき

ゴールド

ダークブラウン

周りの人たちが、幸せオーラをたくさん振りまいていると感じると、うらやましい気持ちになってしまうこともあるでしょう。

周りの人ばかり楽しそうにみえてしまうときは、**ゴールド**と**ダークブラウン**の出番。ゴールドは至福感、ダークブラウンは精神的な安定感をあなたにもたらします。

ゴールドはネックレスや指輪などのアクセサリー、ダークブラウンはバッグや靴などに、ぜひ使いましょう。どちらの色も、直接、肌につけたり、つねに目につきやすいものに取り入れると効果的です。

この2色で、心を満たす状態にすれば、周りの人の楽しさも、自分の楽しさになるかもしれません。周りの楽しんでいる姿から良いパワーを得ることができるようになるでしょう。

新しいおけいこごとを始めた。
自分から積極的に相手に話しかけたいとき

ペール
イエロー

おけいこごとをスタートしたら、初めて会う人ばかりで緊張するはず。でも、せっかくの縁なので、もっと仲良くなりたいものです。

自分から積極的に相手に話しかけたいときは、見た人の心を解放し、楽しいトークに花が咲く、**ペールイエロー**を取り入れてみましょう。アイシャドーやシャツなど、メイクや上半身に使うとよいでしょう。

黄色系の色は、アットホームでフレンドリーなイメージを作り出すので、親近感をもたれやすくなります。にこやかにほほえんで、まずは「はじめまして」の挨拶から、話しかけていきましょう。

自分の悪いところを素直に認めたい

ピーコック
ブルー

　人から短所を指摘されると、落ち込んだり、あるいは怒りの感情が湧いてしまうこともあるでしょう。しかし、欠点の指摘は、あなたの魅力向上に欠かせないありがたい言葉だと受け止めましょう。

　自分の悪い面を素直に認めたいときには、精神安定の２大カラーである青と緑が入った、**ピーコックブルー**が最適。孔雀(くじゃく)の羽根の色であるピーコックブルーは、穏やかな心を取り戻して、自然に自分の悪い部分を認める気持ちを高めてくれます。着るものにこの色を取り入れると効果的です。

嫉妬・ねたみの感情をコントロールしたいとき

ターコイズ
ブルー

アプリコット

　嫉妬・ねたみといったネガティブな心は、悪運を招くだけで、何ひとつメリットはありません。でも人間は完璧ではないので、芽生えてしまいます。「自分も負けないくらい努力しよう！」と、自分を奮い立たせて、良いほうにエネルギーを使っていきましょう。

　嫉妬やねたみから心を解放してくれるカ

ラーは、**ターコイズブルー**と淡いオレンジ系の**アプリコット**。ターコイズブルーはネックレス、ピアスなどアクセサリー類に、アプリコットは洋服に取り入れてみましょう。

完璧主義で心が苦しいとき

ラベンダー

　完璧主義を貫こうとすると、いつか燃え尽きてしまったり、つねに不安がつきまとうことになります。ときには、現実から離れて、心を解放してあげましょう。

　完璧にこなそうとするあまり心が苦しいときには、脳の疲れをとり、夢見心地にさせてくれる効果の高い、**ラベンダー**の力を借りてみて。とくにおすすめなのは、リラックスタイムの入浴に関するグッズやパジャマ、バスローブにこの色を取り入れること。また、ラベンダーのアロマキャンドルを焚いて、色と香りに包まれながら、いつか訪れてみたい美しい風景を浮かべてみましょう。夏ならば、実際にラベンダー畑へ旅に出て、ラベンダーのパワーをたくさん浴びることもおすすめ。「なんとかなる！」と思って、そのことから離れてみましょう。

安心感を得たいとき

ゴールドブラウン

誰でも、未来のことがわからず不安を感じるもの。色の力を借りて安心感をさらに得たいときには**ゴールドブラウン**がおすすめです。堅実な思考と安心感をもたらす茶に、永遠の輝きを放つゴールドをミックスしたこの色は、私たちに今を生きる力を与えてくれます。不安な気持ちになったら、この色のハンカチを手にしたり、ストールを羽織って、安らぎパワーをもらいましょう。

COLUMN

ペットがなかなかなついてくれない。 もっと仲良しになって楽しく暮らすには?

ペットを飼いはじめたのに、なかなかなついてくれない……。そんなときにも、色のパワーを役立ててみましょう。

基本的に、動物の目は白黒しか見えないといわれています。そのため、カラー効果は飼い主が主体。**オレンジ**と**ローズピンク**の力を借りましょう。この2色は愛と元気、楽しさを運んでくれる色。あなた自身のペットへの愛情が増し、これまで以上に愛情のこもった言葉がかけられ態度をとられるようになります。この2色をリードや、ペットの洋服などに取り入れてみてください。

怒りっぽい性格を直したいとき

水色

　怒りは、健康にも良くない感情です。でも、ときにはどうしても怒りが抑えられない状況もあるでしょう。

　怒りっぽい性格を直したいときには、静けさと柔和な優しさを与えてくれる**水色**がおすすめ。赤ちゃんの洋服によく用いられているように、水色は、自分もその色を見ている人もゆるやかな心地にさせてくれます。

　自宅のインテリアに水色を取り入れれば、怒りから解放されて、穏やかな心を取り戻せます。水色のソファーカバーやクッションにゆったりと身をゆだねて、心もカラダもリラックスさせましょう。

環境の変化に対応したいとき

緑

　転勤や職場の異動、転職など、さまざまなシーンで、環境が変わることは多々あります。基本的には、時間と慣れだと思いますが、なるべく早めになじんでいきたいものです。

　環境の変化にうまく対応したいときには、調和やバランスの意味を持つ、**緑**を取り入れ

てみて。オフィスでは、身近に使うファイルやデスクマットなどに活用しましょう。バランス感覚が養われて、自然と環境になじめます。

また、挨拶やお礼、ねぎらいの言葉など、自分のほうから周囲の人たちに、プラスの言葉でコミュニケーションを取るように心がけてみてください。

やる気が出ないので、もっと意欲的になりたいとき

ホットピンク

ゴールド

やる気を出すには、ハッピーエンジンが必要です。たとえば、一瞬にして幸せになれるケーキを食べたり、大好きなペットに触れてみたり、お風呂に入ってスッキリしたりなど、五官を満たす行動を取ってみることです。

やる気がアップし意欲的になれるカラーは、幸福ホルモン満載の**ホットピンク**、そして至福カラーの代表的存在の**ゴールド**。たとえば、思い切って携帯電話やパソコンの色をホットピンクなど濃いピンクに変えて、ゴールドのハートや星型のシールを貼ってみると、気分が上がって積極的に行動できるでしょう。2色とも、ポジティブなハッピーカラーなので、つねに身につけておくと効果的です。

余計なことばかり考えてしまう。心の雑音を消したいとき

純白

　悩み事があると、どんどん悪い方向に気持ちが向いてしまうことも。モヤモヤした気持ちが長く続くと、目標へ向かうパワーがなくなり、運の低下につながります。

　そんな心の雑音を消したいときには、リセットカラーの**純白**を使いましょう。純白のパジャマや部屋着などを着て、浄化効果の高いアロマの精油であるサンダルウッドを部屋に焚いてみてください。その際、何も考えず、ひたすら寝転がって、リラックスする時間を楽しみましょう。余計な考えが心からスッと消えていくでしょう。

おすすめ！ 赤ペン&青ペンストレス撃退法

　イライラしやすいとき、心が不安でいっぱいのとき、人と自分を比べてしまうとき……。毎日を生きていく上では、色々なマイナスの感情がやってきます。「これがあれば元気になれる！」というものをひとつ見つけておき、週末ごとに好きなことをして時間を過ごせば、とても癒されるでしょう。

　でも、自分に合ったストレス解消法がない人は、赤ペンと青ペン、白い紙を用意してください。これから紹介する「赤ペン&青ペンストレス撃退法」は、心の中にたまったマイナス感情を、書くことによって吐き出していきます。マイナス感情を心からなくし、プラスの感情と幸運を宿らせましょう。

STEP1　赤ペンで書く

　自分の中にある不平不満、くやしいこと、怒り、嫉妬心、満たされない気持ちなどをすべて紙に書き出していきます。赤は、怒りの象徴でもあるので、この色で心の中の気持ちを書くことによって、スッキリしていきます。

STEP2　青ペンで書く

　落ち着いたら、クールダウン効果の高い青いペンで、今後自分はどのように歩んでいきたいか、やるべきことや目標を書いていきます。青は、冷静に論理的な考え方をもたらす色。文字にすることで、自分のやりたいことが見えてくるでしょう。

周りの人は得していて、自分ばかり損しているように思えるとき

黄緑

　周りの人が得している姿を見ると、自分は損していると思えてしまうかもしれません。でも、マイナスのことに遭遇しないと、プラスの出来事も起こらないのです。ですから、マイナスな状況に見舞われたとしても、決して悲観的な気持ちはもたないように心がけてください。

　自分ばかり損しているように思えてしまうときには、希望の光の黄色と充分な安らぎを与える緑の混ざった、**黄緑**の力を借りてみて。携帯電話やパソコンの待ち受け画面を黄緑色の風景などにしてみましょう。きっと、徐々に落ち着いた心地になってきます。

うまくいかないことを人のせいにしがちなとき

ライトグレー

　自分の思い通りにならないときほど、人のせいにしてしまいがち。でも、自分のとった行いを反省しないと、いつまでも進歩しません。

　うまくいかないことを人のせいにしがちなときは、謙虚さと反省の心を取り戻す**ライトグレー**を。この色の洋服を着て、自分の至らない点について考えてみましょう。

自分が好きになれないとき

サーモンピンク

　誰かと比べてしまったり、自分に自信がもてなかったりすると、自分のことが好きになれないかもしれません。

　そんなときは、**サーモンピンク**を取り入れましょう。サーモンピンクは、女性的な美しさと希望や優しさを与えてくれる色。また、顔色をキレイに見せる色なので、シャツやカットソーなど上半身に取り入れるのが効果的です。

　華やかなサーモンピンクを身につければ、さらに内なる輝きを放ち、ビューティーオーラがあふれ出ます。その結果、自分のことをもっと好きになれるでしょう。

意志が強くなりたいとき

● 黒

　自分の夢や目標をあきらめないためには、何があってもめげない精神力が求められます。

　意志の強い人間になりたいときは、不屈の闘志で立ち向かっていける**黒**が、あなたを守ってくれるでしょう。鎧(よろい)かぶとのような役割を果たしてくれる黒のスーツをキリリと着こなせば、存在感が際立ち、周囲の人たちにも威厳を感じさせるでしょう。

　また、デイリーに持つバッグなども黒にすると「今日も一日、めげずに頑張ろう！」という気持ちが湧いてきます。

目標達成までもう少し。最後のひとふんばりをしたいとき

● 赤
● オレンジ

　目標達成まで、あともう少し、最後のひとふんばりをしたいときは、**赤**と**オレンジ**が有効。この２色はビタミン剤的な役割の２大元気カラーです。

　たとえば、パソコンを使ってやっていることなら、赤いマウスと、オレンジのマウスパッドにしてみると、みるみる活力が湧いて、一

気に目標を達成できるかも。営業や接客といった仕事関係の目標なら、ネクタイやハンカチなどにこの色を取り入れてみてください。

また、こうなりたいという状況をつかむまでは、意識をひとつに集中して、それに向かってやるべきことをこなしていくことがポイント。あれもこれも欲張ると、意識が分散されて、夢の実現から遠のいてしまいます。

自分のいいところを素直に認めたいとき

オフホワイト

自分のいいところは、絶対に認めるべき。なぜなら、どんなに嫌なことが起きて自信を失いそうになっても、自分の長所を知っていれば、復活して元気を回復することができるからです。

自分のいいところを素直に認めたいときは、性格が明るくなり、心身が美しく浄化される、**オフホワイト**を。普段着るコートやニットなどできるだけ大きい面積に使うと効果的です。この色に包まれると素直な心も芽生えるので、自分のいい面をスムーズに受け止めやすくなります。

また、長所がわかったら、手帳などに書きとめて、定期的にその言葉を読みましょう。

潜在意識にインプットされるので、自信にあふれた行動ができて、魅力的な女性になれるでしょう。

他人のことがとても気になるとき

青紫

　他人がやっていることや、周囲の人が自分のことをどう思っているのかが気になって仕方がないときもあります。

　そんな心理状態になったときは、深いリラクゼーション効果が期待できる**青紫**に身をゆだねてみましょう。

　パジャマや枕カバー、シーツなど寝具類にこの色を取り入れてみてください。この色は、精神を穏やかにしつつ、外部から身を守る効果があるので、安心して眠ることができます。そして、「他人に気を取られているよりも、自分を幸せにしていく行動をしよう」という気持ちが湧いてくるでしょう。

もっと謙虚な気持ちになりたいとき

ミント
グリーン

オレンジ

　謙虚で腰の低い人のほうが、一般的に好印象をもたれます。横柄な態度、自己中心的な行動は、イメージダウンになったり、敵を作ったり、メリットはひとつもありません。

　最近、上から目線になりがち、もっと謙虚な気持ちになりたいと感じている人は、謙虚さと控えめさを伝える**ミントグリーン**と、人間関係が良くなる**オレンジ**を取り入れましょう。ミントグリーンのアイシャドーに、オレンジのチークや口紅を使って。メイクした自分の顔を見ると、穏やかな印象になっていることに気づくでしょう。鏡で自分の顔を見るたびに、謙虚な心が芽生えてきます。

もっとポジティブ思考になりたいとき

オレンジ

　じつはマイナスの状態には、成長や幸せになるためのヒントがたくさん隠れています。それに気づけるか気づけないかで、運の良し悪しが決まることもあるので、楽天的な考えをすることは大切です。

　ポジティブシンキングのためのお助けカラーは、**オレンジ**。挫折した心に元気スイッチを入れてくれるので、苦しいときこそ、愛用してみてください。毎日使うバッグや定期券入れなどをこの色にしてみると、つねにオレンジの明るいパワーを感じられ、楽天的なモードに気分が切り替えやすくなります。

被害妄想が強いとき

黄土色

　ものごとを悪いほうばかりに考えてしまう被害妄想は、すぐに断ち切っていきたいもの。被害妄想が強いと、眠れなかったり、つねに不安がつきまとったり、仕事や生活に支障をきたしてしまいます。

　そんなときは、おおらかな心の安定が保てる**黄土色**を取り入れてみて。黄土色は、大地

の色であり、万物の中心を表す色なので、クヨクヨしない、堂々とした気持ちにさせてくれます。自宅のインテリアのラグマットやソファーカバーやクッションカバーなどを黄土色にして、のんびりと過ごす時間を持ちましょう。きっと、プラスに考えが変わっていき、被害妄想から脱出できるでしょう。

人に優しくなりたいとき

ピーチピンク

　自分がイライラしたり、不機嫌な状態が続いたりすると、周囲の人への思いやりに欠けてしまいます。そんな状態が続くと、人間関係にヒビが入ってしまうので、早く優しい気持ちを取り戻しましょう。

　人に優しくなりたいときは、甘く柔らかい心になれる**ピーチピンク**を取り入れましょう。ピーチピンクは人を安らかにする好感度アップのカラー。また、自分自身も癒されて穏やかな気持ちになるので、人に対しても優しく接していけます。チークやグロスにこの色を使うことがおすすめです。

親しみやすさを身につけたいとき

- ペールイエロー
- ライトベージュ

近寄りにくさや、冷たい印象をもたれていると、損をしてしまうことがあります。

自分のクールな印象を変えたいと思っている人には、**ペールイエロー**のシャツやカットソーを一枚用意することをおすすめします。この色は、親しみやすく、温かみのある印象を植え付けてくれる色。初対面の人と会うときに、身につけておきましょう。

その際には、明るく誰にでも受けの良い、**ライトベージュ**のスーツに合わせてみてください。スーツの形は、襟に丸みのあるジャケットや、フレアスカートのように曲線的なデザインを選ぶと、より親しみやすさが増します。

NGカラーはナス紺。この色はクールに見せて、話しかけにくい印象を与えてしまいがちです。この色のスーツを着る際は、必ずペールイエローのアクセサリーやインナーを取り入れましょう。

大きな決断をしたいとき

黒

　決断を下すときには、勇気、判断力、冷静さの3つが大切。まずは、自分ひとりだけで考える時間を持ちましょう。

　大きな決断をしたいときは、気持ちを強くしてくれて、外部の刺激から守ってくれる**黒**を頼りにしましょう。黒い石のオニキスを握りしめて、心の中で「何を選んだら一番良いでしょうか」と質問してみれば、どこからともなく、必要な答えが返ってくるでしょう。

　自分の部屋で考えるときは、心をスッキリとさせてくれるローズマリーの香りを焚くこともおすすめです。

ストレスいっぱいの心に栄養をあげたいとき

ベビーピンク
黄色

　ストレスはため込んでしまうことが、一番良くないこと。定期的に、自分にごほうびをあげる習慣をもちましょう。

　ストレスいっぱいの心に栄養をあげたいときは、優しい愛情を感じさせてくれる**ベビーピンク**と、ワクワクモードにしてくれる遊び心あふれる**黄色**を取り入れてみて。ネイルの

地の色をベビーピンクに、フレンチ部分をラメ入りの黄色で彩れば、よりハッピー気分が持続して、きっとストレスとさよならできるはずです。

もっと積極的になりたいとき

朱赤

ベージュ

キャメル

　消極的な人は、運を好転させる力が強くありません。

　もっと積極的になりたいときは、なんといっても開運カラーの**朱赤**がおすすめです。朱赤は、心とカラダを戦闘モードにする色。行動を起こす日には、ジャケットやスーツのインナーに朱赤を取り入れてみましょう。そして、スーツやジャケットの色は、**ベージュ**や**キャメル**など明るい茶系にすると、より華やかになって、心も晴れやかになります。

　今の報われない状況から脱出したいならば、自らなりたい自分をめざして、どんどん行動していきましょう。積極的な人ほど、好きな仕事で成功したり、良きパートナーに恵まれたりしているものです。

マイナス思考を直したいとき

向日葵色

　ひとつ嫌なことがあると、そのことにエネルギーを奪われてしまい、なかなかプラス思考へとは変えられないもの。でも、マイナスのエネルギーはとても強い力なので、早めに心を切り替えていきましょう。

　マイナス思考が続くときは、ポジティブシンキングになれる**向日葵色**を。この色のアロマ芳香器を使い、熱帯の楽園にいるような甘い香りがするレモングラスの精油を焚いてみてください。嫌なことが、心の中からスーッと消えていくでしょう。

　また、マイナス思考になったら、ほめられたことや、楽しかったことを思い出すようにしてみると、より効果的です。

依存心を弱め、自立心を強くしたいとき

ゴールド

　人に頼る生き方をするよりも、人から頼られる生き方をしたほうが、多くの人と交わることができ、充実した人生を歩めるでしょう。ぜひ、依存心を消していきましょう。

　依存的な性格を直したいときは、自立心を

強くしてくれる**ゴールド**をお守りにしましょう。時計やピアス、ネックレスなどをこの色にしてみるのです。きっとゴールドのパワーが、人を救っていける、愛のある幸せな人生をもたらしてくれるでしょう。

モヤモヤした気分とサヨナラするために リフレッシュしたいとき

ターコイズブルー

毎日ハッピーな気分を持続していくのは、なかなか難しいもの。体調の良し悪しや心配事、嫌なことに遭遇したことなどが、モヤモヤの原因となります。そんなときは、マイナスのことはいっさい考えないよう、気分転換することが一番です。

リフレッシュしたいときのおすすめカラーは、**ターコイズブルー**です。南国の海のようなリゾート感覚を与えるこの色の入浴剤をお風呂に入れて、次のバカンスの計画でも立ててみましょう。さらに、エステやマッサージなど、自分が美しく癒される時間を満喫すると、だいぶ心が楽になるでしょう。

何をやってもうまくいかない時期。悪循環から抜け出したいとき

●純白

　色々なことがうまくいかないと、心身のストレスがたまってしまいます。この状況が続くと、心身が邪気だらけになってしまうので、浄化することをおすすめします。

　効果的なカラーは、浄化作用の高い**純白**。純白のタオルを使ったり、ファッションに純白を取り入れることもいいですが、ぜひ試してもらいたいのが酒風呂。白い塩を少々と、日本酒1、2合を混ぜて、酒風呂にしてみましょう。酒風呂は、厄落としや、すべてのマイナス感情を取り払う作用があります。また、日本酒には美肌効果もあるので、デトックス＆ビューティーの一石二鳥効果で、プラスの心を取り戻せます。

頑張った後の心のクールダウンに効く色は？

●ターコイズグリーン

　仕事や家庭でのやるべきことを頑張った後には、最高の癒しを満喫したいもの。スッキリとリセットして、和む充電の時間がないと、次にやることに力を発揮できません。

頑張った後の心のクールダウンに効く色は、**青緑系のターコイズグリーン**。この色は、疲れたカラダをゆるめて、頑張りすぎた心に爽快感を与えていたわってくれます。

ベッドカバーやシーツに取り入れると、より効果的。何もかも忘れて眠ってしまえば、疲労回復して、翌日からの活力を得られるでしょう。

愚痴(ぐち)ばかり言ってしまうとき

ラベンダーピンク

ときには、愚痴を言ってしまうこともあります。でも、言霊(ことだま)といい、「言葉には魂が宿る」といわれていますから、話す言葉には気をつけたいものです。

状況があまり良くなく、つい愚痴が出そうなときは、自分を深く癒して愛を感じさせてくれる**ラベンダーピンク**の花を部屋に飾ってみて。ラベンダーピンクの優しいオーラで、疲れた心が慰められるでしょう。

また、マイナスの言葉を発してしまったら、「つるかめ、つるかめ」と言ってみてください。これは、昔から、縁起の良いものを含んだ、毒消しの言葉です。マイナスをプラスに変えてくれる効果があります。

人に感謝の気持ちをもっと素直に伝えたい。それなのに、ひねくれた態度を取ってしまうときは？

マゼンタ

ベビーピンク

　ありがたいことだとわかっているのに、素直に感謝できなかったり、冷たい態度を取ってしまったりするときがあるでしょう。

　人に感謝の気持ちがあり、それを素直に態度で表したいときには、慈しみの愛情を伝える**マゼンタ**と、女性的なきめ細かい優しさを伝えられる**ベビーピンク**を取り入れましょう。ベビーピンクのワンピースに、マゼンタのカーディガンを着てみましょう。自然に、感謝の心と優しい態度で相手に接することができます。

COLUMN

色をテーマにした
開運の旅に出かけよう!

　最近は、風水旅行やパワースポットへの旅が大人気です。旅に出かけるときは、方角が気になる人も多いでしょう。でもどうしても自分にとっての凶方位に出かけなくてはならないときもあるでしょう。そんなときには、必ず魔除けの赤い色を身につけましょう。

　また、「旅と色彩」をテーマにした旅行もおすすめです。たとえば「京都の色を歩く」をテーマにしたときは、京都の四季折々の花々や、建築物、自然、市場の食材にいたるまで、どんな色が使われているのかを気にしてみるのです。デジカメで撮影するのもいいでしょう。

　あるいは、「リフレッシュしたい」「元気をもらいたい」といった願いをかなえてくれる色に会いに行く「カラーセラピーの旅」もおすすめ。ここでは、5つのカラーを紹介するので、ぜひ参考にしてみてください。

赤の旅

　最近トラブル続き、厄年の不安感を取り除きたいというときには、魔を払う効果抜群の赤の旅に出かけましょう。赤に出会うには神社が一番。厄年や逆境に最高の実りをもたらすと評判である文京区根津神社や、千本鳥居の京都伏見稲荷などが代表例です。

青の旅

　青は、内面との対話の色ともいわれます。情緒不安定なとき、自分をきちんと見つめ直したいときは、精神が統一される青の旅を。神秘的な青緑をした北海道の神の子池や、水の美しい富山県、深い青の日光・中禅寺湖などがおすすめです。

黄色の旅

　人から注目を浴びるようなブレイクをしたい、経済力を身につけたいという人は、古代中国でも尊い色とされた黄色の旅を。山梨県北杜市のヒマワリ畑、青森県の"黄金の温泉"不老ふ死温泉、銚子の屏風ヶ浦などで力強い黄色に出合えます。

白の旅

　過ちを犯してしまったとき、もう一度やり直したいときは、再生カラーの白の旅を。心を一度白紙に戻し、明るい希望を取り込んでいきましょう。白の旅は、雪、氷、白い花……北海道・紋別の流氷の旅、尾瀬の水芭蕉観賞がおすすめです。

ピンクの旅

　心が満たされない、何も楽しいことがないときは、幸福ホルモンが活性化されるピンクの旅を。桜の名所の山梨県身延山久遠寺、埼玉県秩父市の芝桜、伊豆の河津桜や、調布・深大寺のバラ園などピンクの花めぐりがおすすめ。

友人関係編

友達がたくさんほしいとき

ラベンダー

　本来は、友達は本当に心から波長の合う人が、数人いるだけで幸せなことでしょう。でも、人脈を広げて、多くの人たちと友達になっていきたいときには、まずは自分を抑えて、相手に対して癒しを感じさせる存在になることがポイントです。なぜなら、誰もがみんな自分の話を聞いてくれて、一緒にいて和む人がほしいからです。そんな貴重な存在になることができれば、多くの人たちがあなたといると居心地が良いと感じるでしょう。

　友達がたくさんほしいという願いをかなえてくれるカラーは、癒し色の代表**ラベンダー**。人が集まる場に行くときなどは、ラベンダーのシャツや同じ色のパールのネックレスなどを合わせてみて。癒し系エレガント美人と思われて、人気度がアップします。

疎遠になっている友達とまた交流したいとき

オレンジ

　いっときはよく会っていた友達が、あるときから、ぷつりと疎遠状態になってしまうことがあります。そんなときは自ら会う連絡を取るように心がければ、縁はつながっていきます。まずは自分から積極的に働きかけましょう。

　お助けカラーとしては、縁を強化する澄んだ**オレンジ**。携帯電話のストラップをオレンジにすれば、行動力が増して、まめに連絡を取ろうという気持ちになります。自分から連絡を入れていけば、自然と友達から、メールや電話がくるようになるでしょう。

何でも相談できる友達がほしい

パンプキン

　悩み事は、人に話を聞いてもらうとスッキリします。

　何でも相談できる友達がほしいと思っている人には**パンプキン**がおすすめ。渋みのあるオレンジのパンプキンは、人と人との絆を深めていく力があります。友達と会うときには、この色のストールやカットソーを身につけてみましょう。

本当に心を開いていい友達かどうか、相手を見極めたいとき

水色

　本当に友達かどうかは、あなたが困っているときに助けてくれるかどうかです。困っていても、何も助けないで去っていくような人なら、心からの友達ではないでしょう。

　今、仲良くしている友人が、本当の友達かどうか見極めたいときは、自分自身を落ち着かせて、ゆったりとした心地になれる**水色**が最適。その友達と会うときに、水色のシャツや下着を身につけてください。水色パワーで自分も相手も落ち着かせて、心の眼を広げれば、相手の心を読み取ることができるでしょう。

友達の嫌なところばかりを見てしまう自分を直したい

ローズピンク

　誰にでもひとつやふたつ、欠点はあります。身近な人の嫌な部分というのは、とくに目につきやすいもの。そんなときは、友達からお世話になったことや、魅力的なところ、感謝や尊敬できるところを思い出してみてください。

嫌なところばかり見てしまう自分を直したいときには、相手を受け入れやすくなる**ローズピンク**がおすすめ。自宅のインテリアに、ローズピンクの花を飾ってみてください。その際、花瓶も同じピンク系にしてみると、より心が寛容になり、友達に優しく接することができるようになります。

最近、なんだか避けられているかも？ 友達とまた仲良くしたいとき

ピーチピンク

友達や職場の人などから、もし避けられているような感じがしたら、しばらくそっとしていましょう。下手に、相手の機嫌をとったりすると、かえって良くない結果を招く恐れがあります。

「また仲良くしたい」という気持ちを伝えるために、年賀状や暑中お見舞いなど、季節の挨拶状を送ってみては。そのときに、友情関係を結びやすい**ピーチピンク**のハガキに「また、お会いしましょう」とさりげなくメッセージを書いてみてください。ピーチピンクのハガキがなければ、淡いピンク系のハガキにしてみましょう。

友達にも気を遣いすぎてしまう私。もっと自然に振る舞うには?

レモンイエロー

友達とはケンカもしたくないし、嫌われたくもない。「親しき仲にも礼儀あり」ですから、適度に気を遣うことは、長く友情関係を築く上で必要なことでしょう。

でも、気を遣いすぎても、疲れてしまいます。もっと自然に振る舞うには、淡い黄色である**レモンイエロー**を活用してみて。ニットやシャツなど上半身にこの色を取り入れると、スマイルカラーの力でほほえみが自然に出てきて、話がスムーズになります。肩の力を抜いて、友達と楽しく過ごせるよう、明るい話題を話してみてください。

休日に一緒に遊びに行ける友達がほしい

ベージュ
アクア

休日に、いつもひとりだと刺激に乏しいし、さびしくなることも。一緒に遊びに行ける友達がいると、その存在だけで安心します。

休日を共にできるような友達がほしいときは、**ベージュ**と**アクア**の2色がおすすめ。ベージュは友達をくつろがせます。黄みの入った

淡い青のアクアは、楽しくワクワクした気持ちにしてくれる色です。ベージュをメインにアクアをさし色に使ったファッションで、まずはあなたから友達をおいしいスイーツを食べられるカフェに誘って、おしゃべりに花を咲かせてみましょう。その時間を楽しく過ごせば、定期的に会うことができるでしょう。

嫌な人間関係をすっぱり断ち切りたい

黒

　ズルズルとした腐れ縁や、会うと運を奪われそうなネガティブな感じの人、人の悪口ばかり言う人など、嫌な人間関係は早めに清算したいものです。

　次に会う縁を作らずに、断ち切っていきたいときには、悪いものを追い出し、断る力を発揮する**黒**を味方につけて。もう関わりたくない人と会うときには、黒いジャケットやコートを着てみてください。さらに、邪悪なものを寄せ付けないダイヤモンドの指輪やネックレスがあれば、それも身につけましょう。「会いたくない」という念を飛ばしていると、不思議と縁が切れていきます。

なぜか敵意をもたれてしまう。
女子会で敵を作らないためには？

モスグリーン

オリーブグリーン

　ガールズトークは、恋愛や仕事、会社のネタなど話題豊富で、話し足りないほど盛り上がってしまいます。でも、つい調子に乗って発したひと言が、友人たちの反感を買うことも。また、ファッション次第で好感を持たれたり、反感を買うことがあるのも、女子会のおそろしい面です。

　女子会で敵を作らないためには、迷彩服のカラーである渋い**モスグリーン**や**オリーブグリーン**を上半身に取り入れましょう。この2色は、女性らしさを感じさせずに、軍服のような男性性をアピールする色ですので、敵を作りません。また、**茶色**や**黒**、**グレー**などの自己主張の少ないカラーも、友達に不快感を与えずに、なじむでしょう。

　一方、マゼンタやショッキングピンクなどのフェミニンカラーは女子会には不向きです。

人間関係をハッピーにする手紙カラーテクニック

　手紙を書くときの文字の色は、基本的には黒がおすすめ。謙虚で柔らかいイメージを演出したいときは、黒を少し薄めたダークグレーの文字もいいでしょう。友達や好きな人に送る手紙やメッセージカードには、そのテーマに合ったカラフルな色文字を使って、相手の心をひき寄せましょう。

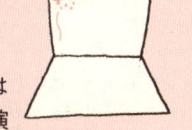

バースデーカード

ピンクや**ゴールド**、とくにラメ入りのペンを使うと、相手を祝うあなたの気持ちがより伝わり、お互いに気分がハッピーに。カードや便せんは、**赤**や**ピンク**のバラ、ガーベラなど花のモチーフのものがおすすめ。

サンキューカード

ダークブラウンの文字で、感謝の気持ちを心温かく伝えてみて。ハートや、絆を意味するリボンの形や絵が描かれたものだと、「ありがとう」の気持ちをより演出します。

クリスマスカード

充実感に満たされた**ゴールド**や**深緑**のペンで、メッセージを添えましょう。カードは、クリスマスカラーである**赤**や**緑**が楽しさを伝えます。

バレンタインカード

マゼンタのような濃いピンク系の文字で、あなたの愛情を表して。そして、**ピーチピンク**のカードで愛を運んでもらいましょう。

友達と仲直りしたいとき

（パンプキン）

　ささいなことで友達とケンカしてしまうことがあるでしょう。言葉ひとつで、相手を深く傷つけてしまったり、また、ちょっとしたとらえ方で、お互いの気持ちがすれ違ってしまうことも。

　友達と仲直りしたいときは、自分からコミュニケーションを取っていきましょう。そのときのおすすめカラーは、濃い目のオレンジである**パンプキン**。パンプキンは、その色を見た人の心を温かくし、おおらかな気持ちにさせてくれます。この色のストールやマフラーなどを巻いて友達と会えば、お互い打ち解けて、仲直りできるでしょう。その際に、自分の悪いところを反省した気持ちを伝えれば、友達もあなたにもっと心を開いてくれるはずです。

しつこく誘ってくる人を、やんわりと断りたいとき

（紺）

　しつこい勧誘や、行きたくもない会合やパーティーに誘われたら、断りにくくて困ってしまいます。でも、「NO」と言える力は、

高めていくべきでしょう。

　しつこく誘ってくる相手を、やんわりと断りたいときは、**紺**です。黒よりも柔らかく断りのメッセージを伝えることができます。この色のラピスラズリの石の指輪やネックレス、ブレスレットなどをお守りにして、その色を見つめながら、断ってみましょう。紺が冷静沈着な心を作り出してくれるので、落ち着きのある話し方で、相手に伝えることができるでしょう。

友人の結婚式に招待された。人の幸せを素直に祝福したいとき

マゼンタ

　人の幸せを素直に喜べなくても、あまり落ち込まないようにしてください。今度からは、少しずつ、人の幸せを祝福できるようにしていけばいいだけです。

　人の幸せを心から祝福できるようになりたいときは、赤紫である**マゼンタ**の力に頼ってみましょう。別名"ナイチンゲールの色"ともいわれ、慈悲の心を育ててくれる色です。マゼンタは、自分も人も幸せに満たしてくれる効果があります。

　自分自身が満たされていないと、人に良い

ことはなかなかできないもの。まずは、自分のために部屋にマゼンタ系の蘭やダリアなどを飾って、花の色のパワーで癒されてください。自分が幸せ気分になると、自然と人の幸せも素直に祝福できるでしょう。

他の女性から一目置かれたいとき

モーヴピンク

　女性としての華やかな存在を際立たせていくには、フェミニンさと内なる輝きが必要。
　女性として一目置かれるためには、コスモスの花の色のような紫がかった**モーヴピンク**が有効。この色をネイルや、胸元の開いたカットソーに取り入れると、ぐっと女性らしさを伝えることができます。ぜひ、モーブピンクと共に、内面やときめき体質を磨いていくと、さらに華のある女性になっていくでしょう。

一緒に飲み歩きできるような友達がほしい

山吹色

　一緒に飲み歩きできるような友達を作っていくためには、まずは色々な会合や交流会、勉強会に参加してみることです。とくに、同じ趣味の人が集まる会などに参加してみると、共通の話題があるので、望むような気軽な飲み友達ができるでしょう。

　そんな願いをかなえるカラーは、親しみやすさがあり、相手を楽しい気持ちにすることができる**山吹色**です。初めて行く集まりなどには、山吹色を使ったファッションで出かけましょう。話しかけられやすくなるので、人脈も増えていくでしょう。ぜひ、自分から積極的に話しかけてください。

本当の親友がほしいとき

ワインレッド

　本当の親友に出会えるのは、じつはとても幸運なこと。これぞという人と出会ったら、その縁を大切にしていきましょう。

　本当の親友がほしいときは、落ち着ける一軒家風のフレンチやイタリアンに誘って、真の絆を深める**ワインレッド**の赤ワインをふたりで酌(く)みかわしましょう。

　そして、あなたから自分の話を切り出してみれば、相手の心に響き、友情の絆が強くなっていくことでしょう。

　もっと縁を深めるには、心理学でいう「自己開示の返報性(へんぽうせい)」を使ってみましょう。この法則は、自分から苦しかったことや悩みなどを話していくと、相手も心を開き、人には言えないようなことを話してくれる、というものです。

落ち込んでいる友達を励ましたいとき

オレンジ

　友達が落ち込んでいる姿を見たら、早めに光にあふれた明るい場所へ一緒に出かけましょう。

友達を励ましたいときに効果的なカラーは、**オレンジ**。オレンジは、ショックや悲しみ事を吸い取ってくれるパワーがある色なので、苦しみを減らしてくれます。

　また、オレンジは、陽気でポジティブな気分にさせてくれるので、その色の内装のカフェやレストランに誘って、友達の悩みを聞いてみましょう。マンゴーや柑橘系のスイーツを食べれば、さらにビタミンパワーが得られて、友達に元気が復活するでしょう。

入院した知人のお見舞いに行くとき

ピンク
黄色
オレンジ

　お見舞いに行くときは、優しく、可憐な**ピンク**の花束を持っていきましょう。ピンクは、健康や幸福のシンボルカラー。病室内の"気"を、明るく、柔らかくしてくれるでしょう。また、**黄色**や**オレンジ**など明るいパワーを発する花もおすすめです。

　一方、お見舞いに青、白、赤の花はタブー。青と白は、葬儀の際のお供えの花の色、赤は血の色なので病人には強い刺激を与えてしまうからです。鉢植え、下向きの花、散りやすい花、香りの強い花も良くないとされていますので、注意して選びましょう。

COLUMN

お祝いの贈り物に
ふさわしい色&避けたい色は?

　お祝いの贈り物選びは、うれしい時間である一方、どれを選んでいいか迷うもの。喜ばしいことにふさわしい、幸せを想起させるような色や形、モチーフのものを選ぶと、相手も喜んでくれるでしょう。

結婚のお祝い

○ 赤いバラ

ふたりの末永い幸せを願って、「永遠の深い愛情」を象徴する赤いバラの絵柄が入ったキッチングッズなどがおすすめです。

✕ 紫・黒

陰の気を感じる紫や黒っぽい色は、結婚のお祝いにはふさわしくありません。また、切れる・割れるものである刃物類・ガラス・陶器はNGです。

出産のお祝い

○ 淡い黄色

子育てが始まるふたりには、商品券が喜ばれるかも。赤ちゃんの未来が明るいものであるよう、淡い黄色のメッセージカードを添えて。

✕ 黒・グレー

生命力の乏しいモノトーンは、赤ちゃんの開運を招かないので、避けましょう。また、赤ちゃんの靴はサイズ合わせが難しいので避けたほうが無難。

誕生日のお祝い

○ ラベンダー

相手の趣味を知っているのなら、ぜひそれに合わせたものを。色はラベンダーがおすすめ。癒しの色であるラベンダーに、祝福の気持ちを託して。

✕ 相手の嫌いな色

相手の嫌いな色を避けることがベスト。あらかじめ聞いておきましょう。また、とがっているモチーフは、運や縁を引き裂く意味があるのでNGです。

仕事がもっと
楽しくなる方法

仕事&人間関係の章

仕事でステップアップ編

仕事で大きなミスをしてしまった翌日、どんな色を身につけていけばいい?

ライトグレー

純白

　仕事で大きなミスをしてしまったら、ただちに許しを得たいもの。ミスをしたら下手な言い訳などせずに、自分の至らなかった点を素直に認め、謝ることが一番です。

　上司やクライアントの怒りをしずめるには、控えめな印象を与える**ライトグレー**のスーツを身につけましょう。インナーには、清潔感あふれる**純白**を。謝罪のときには、黒のスーツや、赤やオレンジ、ピンクのインナーは、相手の心を苛立たせるだけなので、身につけないようにしましょう。

電話応対の多い職場。落ち着いて受け答えするには?

青紫

　電話応対の多い職場は、他の人の声がたくさん聞こえてきます。そういう状況では、精神を落ち着かせる効果のある色や香りを取り

入れることが一番です。

　頼りになるカラーは、冷静さの青と深い癒しの紫の合わさった**青紫**。青紫系統のハンカチに、爽快感とスッキリ感をもたらす、ペパーミントの精油を1滴垂らしてみてください。色と香りを感じたら、ゆっくりと電話の相手と話をすることができて、仕事が進んでいくでしょう。

新しい仕事に着手。モチベーションアップするためには？

朱赤

オレンジ

ゴールド

　新しい仕事をすると、やるべきことがたくさん出てきます。そして、多くの人と接する機会もあるので、気を遣うことも多いでしょう。

　心もカラダもハツラツと、モチベーションを上げていくためには、意欲や勇気、やる気をもたらす**朱赤**、**オレンジ**、**ゴールド**の3色を使っていきましょう。企画ファイルや、プレゼン用のファイルには朱赤を。手帳や仕事用ノートには、オレンジを。ゴールドは、指輪やネックレスなど、身につけるものに取り入れてみましょう。また、赤やオレンジの食材を朝食で食べると、パワーがみなぎり、新しい仕事がうまくいくでしょう。

風水でも、仕事や良い人脈を手にするためには、暖色系がよく使用されます。

小さな努力を認めてもらいたい

ゴールドブラウン

　毎日、コツコツと頑張っているのに誰にも認めてもらえないと、やる気が低下してしまいます。

　小さな努力を認めてほしいときは、堅実さと能力を伝える**ゴールドブラウン**をお守りカラーにしましょう。この色のアイシャドーをつけたり、茶に金のラメが入ったカットソーやタイツなどを身につけてみてください。今まであなたの努力に気づかなかった人が、きっと認めてくれるでしょう。地道な努力は必ず報われます。

スケジュール通りに仕事をこなしたいとき

レモンイエロー

　やるべきことがたくさんあるときは、優先順位をきちんと作っておくべき。今すぐにやらなくてもよいことに先に取り組むと、肝心な仕事が後回しになってしまいます。ミスを減らすためにも、やるべきことをリストにし

ましょう。

　スケジュール通りに仕事をこなしたいときは、アイデアも集中力も記憶力も良くなる**レモンイエロー**のポストイットを用意してみましょう。そのポストイットに、毎日、やるべきことを書き出してみてください。そうすると、スムーズにぶれることなく、スケジュール通りに仕事がこなせます。

出世したい。リーダーになるためには、どんな色のものを身につけたらいい？

クリームイエロー

ゴールド

　自分の希望とする地位や、リーダーになってみたい。今まで頑張ってきた人なら、ぜひチャンスをつかんでほしいもの。この願いには、色の力に加えて方位の力も取り入れましょう。

　風水では、出世運をつかさどる方位は、西北といわれています。財運や援助運、玉の輿・スポンサー運など、目上の人に可愛がられて、出世していけるグレードの高い方位です。そして、出世を後押ししてくれる色が**クリームイエロー**と**ゴールド**。あなたの仕事机の西北側に、クリームイエローかゴールドのボールペンやペン立てを置いてみましょう。

また西北側に、重要な書類や請求書、会議の資料などを置くと、なお効果的です。

目標を達成したいとき

ゴールド

営業成績を良くしたい、売り上げを伸ばしていきたい、ヒット企画に恵まれたい、そんな願いをかなえるためには、まず自分の心を幸福感で満たしてあげましょう。

目標を必ず達成したいときは、心からの幸せを感じる**ゴールド**が最高です。アイシャドーやグロス、ネイルなどにゴールドを取り入れてみて。自分が満たされるようになると、この色の力がさらに発揮され、仕事でもプライベートでも豊かな生活を手にすることができるでしょう。

企画書を上手にまとめたいとき

オレンジ

黄色

企画書やプレゼン資料を作成することが多い人は、自分の仕事机の色環境を整えてみましょう。

アイデアを他人にわかりやすく伝える資料や企画書にするためには、作る本人が楽しん

で作ることが大切です。暖色系の力を借りましょう。まずデスクライトは、風水でも仕事運に良いとされる、**オレンジ系のライトを導入**してみて。また、**黄色**やオレンジなどのメモ帳やマウスパッド、ペン、はさみ、ホチキスなどをそろえておくと、やる気と楽しさが倍増します。何事も、楽しいという気持ちが、ハッピーな仕事運へとつながるのです。

時間内に仕事を終わらせるためには？

山吹色

　締め切りがある仕事の場合、時間配分や見通しを立てる力、そしてスピーディーな仕事力が必要となります。

　スムーズな流れを作っていくためには、脳や神経に良い影響を与える黄色系の**山吹色**を味方につけましょう。机に山吹色の花を飾ったり、好きな飲み物をその色のマグカップで飲んだりしてみて。黄色は運動神経系にもよく働きかけるので、カラダの動きも早くなり、ちゃんと締め切り時間内に仕事を終えられるでしょう。

　また、アロマの精油のレモンも頭脳を明晰にする効果があるので、香りを感じると、より行動が早くなります。

あなたのイメージを左右する
名刺のカラーアドバイス

　名刺は、あなたのイメージと仕事運を左右する大切なアイテム。同時に、名刺入れも、意外と相手の目に入りやすく、あなたの印象を決めてしまうことも。名刺交換する機会が多い人は、ぜひカラーを意識してみましょう。

〈名刺入れ〉

おすすめカラー

赤・オレンジ・ベビーピンク
　黒や茶系はシンプルで無難かもしれませんが、女性らしい色にすることで、相手の印象に残り、良いイメージを与えることができるでしょう。また、明るさや元気さをアピールしたい人は黄色やオレンジ、クールで落ち着いた大人の印象を与えたい人は水色など、自分のアピールしたいイメージの色づかいでもいいでしょう。

NGカラー

　とくに絶対にNGという色はありません。ただ、相手にもひと目でわかるような大きなブランド名やロゴの入ったものや、立体的な飾りがついたものは邪魔になるので避けましょう。

〈名刺〉

文字のおすすめカラー

ダークブラウン・深緑・ボルドー

　名刺の文字に使われる色は黒が一般的に多いでしょう。でも、黒は色彩心理学的に「拒絶」を表す色。黒よりもダークブラウン、深緑、ボルドーにしたほうが、優しく温かみのある印象がもたれるようになります。

紙のおすすめカラー

クリームイエロー・ベージュ・ミントグリーン・ベビーピンク

　白い紙が多いですが、白でも微妙な色みの違いで与える印象が変わります。青みの強い純白のような白は、クールな印象がもたれやすい色です。クリームイエローやベージュなど少し黄みの入った白のほうが、見る人が親近感を得やすくなります。ミントグリーンやベビーピンクの紙もほんわりとして可愛くなるので、女性にはおすすめです。

　名刺のカラーに、こだわりを持つようになると、人に名前を覚えてもらいやすくなります。営業職の人や、自分で会社を立ち上げた人などはよく考えて名刺を作ると、効果的です。

営業成績を上げたいとき

朱赤

　営業力を上げていくためには、強い精神力と粘り強さが必要です。断られても、「捨てる神あれば拾う神あり」。何事にもめげない、動じない心を高めましょう。

　営業成績を上げたいときは、困難なことを乗り越えるバイタリティーを授けてくれる**朱赤**の力を借りてみて。この色の下着をつけると、体の奥底から活力が湧いてきます。また、手帳を朱赤にすると、もっと積極的に行動していく気持ちになれるので、自然と営業力が上がります。

アイデアが浮かばないとき

レモンイエロー

　企画やアイデアが浮かばないときは、**レモンイエロー**に助けてもらいましょう。

　レモンイエローは、黄色と青色の混ざった色です。この色は、黄色の知的活動を高める力と、青の左脳を活性化する力が重なり、脳の働きを促してくれます。この色のノートを一冊用意し、緑豊かな公園やお気に入りのカフェなどで、そのノートに、思いついたアイ

デアを書き出してみましょう。モーツァルトなど明るく軽快な音楽を聴くと、より脳の回転がスムーズになるかもしれません。また、気分転換も兼ねて、ウォーキングすることもおすすめ。ウォーキングすると、脳が活性化するので、より企画力が上がるでしょう。このときもレモンイエローのタオルを持って行きましょう。

上司にやる気をアピールしたい

ゴールド
オレンジ

　もっと難しい仕事をしてみたい、新しいプロジェクトのメンバーになりたい……そんなやる気を上司にアピールしたいときは、目標をかなえる力が大きい**ゴールド**と**オレンジ**を味方につけ、その気持ちを伝えましょう。

　アピールの際には、ゴールドのアイシャドーをまぶたと目頭に少しつけてみて。オレンジはチークと口紅に。この２色の開運カラーメイクで、あなたのやる気が必ず上司に伝わります。笑顔でハキハキと、自分からやりたいことやできることを伝えていけば、いつか仕事の夢もかないやすくなるでしょう。

仕事でさまざまなことへ挑戦するために、人脈を広げたいとき

サーモンピンク

多くの分野の人たちと交流していくためには、柔らかく親しみやすい印象をもたれることがベスト。そして、社会人は見た目も大事。ヘアスタイルから爪先まで、自分の外見を美しくしておくことで、多くの人たちを魅了します。誰でも、キレイで清潔感のある人と一緒に仕事したいと思うはず。

人脈を広げたいときは、**サーモンピンク**です。この色は、ピンクにコミュニケーション

COLUMN

この3色がおすすめ!
仕事運を発展させるネイルカラー

アメリカでは、成功者ほど爪の手入れが行き届いているそうです。きれいな指先は、その人の印象を良くし、信頼感を増してくれます。

仕事運アップにおすすめのネイルカラーは、**水色**、**ミントグリーン**、**ミルクティー（淡いベージュ）**の3色。さらに、人に恵まれた環境で仕事をしたい人は、**シルバー系のラメやラインストーン**。パワーアップして仕事運をより強化したい人は、**ゴールドのラメやブリオン**を加えましょう。

カラーの黄色が入った色。サーモンピンクのメイクやネイルは、好感度アップにつながり、仕事に活きてくる縁が宿りやすくなります。

会社で大事なプレゼンがある日。緊張しないようにするためには?

紺

プレゼンという勝負の日には、知的なイメージをつかさどる**紺**のスーツが、マストアイテム。紺は、精神安定剤カラーでもあるので、冷静な心と落ち着いたトークができる効果をもたらします。

そして、企画書や資料は青系統のファイルにまとめましょう。ミスを減らすだけでなく、周囲の人にも「仕事ができる頼もしい人」という印象を植え付けるので、とてもおすすめです。

もっと責任ある仕事をしたい

ピーコックブルー

いつも同じ仕事より、やりがいのある仕事をいつかは任せられたいもの。毎日の地道な努力が、功を成すと思いますが、まずは相手の心をとらえるカラーを使ってステップアッ

プをめざしましょう。

　責任感というイメージがぴったりなカラーは、やはり青系統。その中でも、とくに安心・安全のシンボルカラーである青と緑の入った、**ピーコックブルー**を身につけて。ピーコックブルーのシャツワンピースは、好印象がもたれやすく、仕事運強化につながることも。

　この色は、とくに青や緑が好きな目上の男性の心をとらえるでしょう。

苦手な取引先の人に笑顔で営業トークするには?

山吹色

　取引先の人が苦手なタイプだと、それだけで気分が重くなり、笑顔もぎこちなくなりそう……。そんなときは、笑顔が出やすくなる**山吹色**をお守りカラーにしましょう。山吹色は、相手にも「親しみやすい感じの良い人」という印象を抱かせるので、名刺入れやファイルなどに活用してみましょう。

　また、笑顔の作り方として、口に割り箸を横に挟み、割り箸から口角が出るようにほほえむのが、ベストスマイルだといわれています。ぜひ、山吹色の力と笑顔の練習で、取引先の人の心をつかみましょう!

COLUMN

初対面の取引先の人に好印象を与えてくれる色は?

　初対面の相手と会う際の服装やメイクは、基本的には、仕事の場合はとくに、自分の着たいものより、相手がプラスの気持ちになれるような外見作りを心がけると好印象でしょう。さらに、相手の立場や性別、職業、シチュエーションなどを考慮できると、より好印象を与えることができます。

相手が女性の場合

ピンクやラベンダーなど、「女性」をアピールする色や形は控え、知的で優しいイメージを演出しましょう。それには**紺**が最適。この色は抜群の信頼性を感じさせてくれる色。さらに多くの人に好感度の高い**水色**をインナーにすると◎。

相手が男性の場合

少し上品でフェミニンなイメージを意識しましょう。**クリームイエロー**や**アイボリー**のスーツは、目上の人にも年下にも受け入れられやすい色。インナーには柔らかい女性らしさを伝える**コーラルピンク**がおすすめ。

気持ちの持ち方編

単純作業ばかりでモチベーションダウン。そんなときのお助けカラーは？

オペラピンク

　単純な事務作業ばかりだと、ときには眠気が襲ってきたり、頭の回転が鈍くなったりすることも。そして、気分もモチベーションもダウンしてしまいます。

　そんなときに効果的なカラーは、**オペラピンク**。ペンやマウスパッドにこの色を使ってみましょう。オペラピンクは、エネルギッシュな活力を与える赤と、女子の心をハッピーモードに切り替えるピンクが入っているので、楽しく仕事を終わらせることができます。目に見えるところに、オペラピンクのお仕事グッズを取り入れていきましょう。

仕事がマンネリ気味。
新鮮な気持ちで取り組むには?

ホットピンク

　仕事は、テンションが少し上がっていたほうが、良いアイデアに恵まれたり、テキパキと行動したりと、プラスに事が運びます。

　仕事がマンネリ気味になったとき、モチベーションアップするには、ワクワク気分を満喫できる**ホットピンク**を愛用してみて。ホットピンクは、仕事をもっと好きにさせてくれる、働く女子の味方カラーでもあります。ガーベラなど、ホットピンクの花を机の上に飾ってみてください。ポストカードでも充分です。花と色のパワーで、片付けるべき仕事が早く終わってしまいます。

集中力を高めるには、
どんな色のものを身につけるべき?

コバルトブルー

　ここぞというときには、集中力が必要です。集中力を高めたいときには、冷静な判断力を授けてくれる**コバルトブルー**。たとえば、電卓やはさみ、のり、ファイルなど、仕事でよく使うものには、コバルトブルーなどの青系

統を使ってみましょう。青系統は、知的なイメージもあるので、職場の人たちからの信頼感が増し、より仕事運アップにつながります。

周りから「仕事がデキる人」と思われたい。どんな色づかいがいい?

- ライトベージュ
- ミントグリーン
- オレンジ

好感度の上がる色や形を使っていれば、仕事がデキると思われやすくなります。なぜなら、人間見た目が9割というデータもあるからです。

おすすめカラーは、知的さと上品さを与える**ライトベージュ**のスーツに、良縁を宿らせる**ミントグリーン**や**オレンジ**のインナーの組み合わせ。人との交わりを表すチェック柄も、人間関係を円滑にする運を高めてくれます。一方、ピンク系はおっとりとしたイメージを与えるので、仕事でこの色を多用するのは「デキる女性」の演出には向きません。紺のスーツのインナーに使うなどはいいでしょう。

気持ちを落ち着かせるために役立つのは何色?

ピーコックブルー

　緊張やプレッシャーから解放されるために効果的なカラーは、**ピーコックブルー**。青と緑という精神を鎮静化させる効果が高い色なので、お守りのような存在になります。シャツやワンピースに取り入れてみて。

　また、朝の早い時間に自宅から一番近い神社にお参りに行くことをおすすめします。朝の澄んだ空気と神社の聖なるパワーで、心が安定します。

この1ヵ月が繁忙期。体力と気力で乗り切りたい

赤
黄色
緑

　忙しいときこそ、集中力や体力がほしいもの。こんなときには、料理の色にこだわってみて。一気に心身を活性化していく、韓国料理を食べてみましょう。

　なぜなら、韓国料理にはスタミナを得られる肉の**赤**や味噌の**黄色**の食材が多く、また、野菜の**緑**に多く含まれるクロロフィルがカラダの不要なものを出してくれるからです。

とくに赤や黄色は、鈍ったカラダに刺激を与えてくれます。

集中力を持続したい

瑠璃色

　同じような仕事が続くと、集中力が途切れて、ミスをしてしまいがち。そんな失敗を避けるには、濃いめの青である**瑠璃色**の力を借りましょう。

　瑠璃色などの青系統の色は、集中力を高め、1時間が40分程度に感じられるなど、人の体感時間を短くする効果があります。瑠璃色のマウスパッドや、ラピスラズリのブレスレットをお守りにして、仕事を片付けてしまいましょう。

　ちなみに、ラピスラズリは、智恵や洞察力を授けたり、邪念や不安も払いのけるといわれるので、仕事運強化の心強い味方です。

精力的に仕事をバリバリこなしたい

紫

　ハードスケジュールの仕事をバリバリこなしたいときは、まず健康管理をしっかりと行うこと。仕事で活躍する人たちは、みんな健

康管理が大事な心得だとわかっています。
　カラーセラピー的に、心身の健康をもたらす色は、**紫**です。紫を見ると免疫力が上がり、疲労回復効果が大きいので、翌日に疲れを残しません。直接肌に触れる下着やパジャマは紫のものを選んで、仕事でより成功していきましょう。

とにかく人前で話すのが苦手。あがり症を直したいとき

ターコイズブルー

　人前に出るとあがってしまい、話すことが苦手な人は、色や香りに頼ってみてください。まずは、**ターコイズブルー**を味方につけましょう。この色は、緊張する心を解放して、明るく陽気な気持ちにさせてくれます。ターコイズブルーのアクセサリーを身につけたり、ファイルやペンなどに取り入れたりしてみましょう。
　さらに、ターコイズブルーのハンカチに、鎮静作用の高いラベンダーの精油を1滴垂らして、香りを嗅ぎながら深呼吸すると、心が落ち着いて、きっとうまくいきます。
　この場合のNGカラーは、見ると心拍数が上がりやすくなる赤。赤を身につけたいとき

は、安定感のある茶色と併用しましょう。茶色の靴やバッグがおすすめです。

時間にルーズ、締め切りを守れないときは?

ロイヤルブルー

　時間にルーズな人は、仕事運を大きく低下させます。なぜなら、時間を守れない人は、人からの信用を失う恐れがあるからです。

　時間にルーズで、待ち合わせに遅れたり、締切りを守れない傾向がある人は、**ロイヤルブルー**を味方につけて。英国王室のオフィシャルカラーでもあるロイヤルブルーは、社会的な信用度や信頼感を与えてくれる色。身につけていると、「信頼を裏切ってはいけない」という心を強く植え付けてくれます。スーツのインナーやヘアアクセサリー、時計のバンドに取り入れてみましょう。

頼まれたことをすぐに忘れてしまう。物忘れを防ぐためには?

黄土色

　疲れがたまっていると、物忘れをしやすいかもしれません。でも、仕事で成功していくためには、頼まれたことをきちんとこなして

いくことが基本です。

物忘れを防ぐには、**黄土色**を活用してみましょう。黄土色は、記憶力を向上させて、頭脳が冴える黄色と、心の安定感をもたらす茶色が入っています。黄土色のデスクマットやボールペンなど、身近なところで取り入れてみてください。

また、早起きして、朝日をしっかり浴びると、体内時計がリセットされて、その日一日のパワーをチャージできます。そうすれば、物忘れもしなくなるでしょう。

今日は、絶対に怒られる。怒られる時間をなるべく短くするには?

ターコイズブルー

失敗やミスをしてしまったら、上司から怒られてしまいます。でも、怒られ続けていると、モチベーションが下がってしまいがち。

怒られる時間ができるだけ短く、なおかつありがたい言葉だと感じるためには、心にゆとりと明るさを与える黄色と時間を短く感じさせる青が入った**ターコイズブルー**を。ライトグレーのスーツに、ターコイズブルーのシャツやカットソーを着てみましょう。

また、その際、謙虚な気持ちで、失敗やミ

スをプラスに変えていくような言葉を上司に伝えることも大切です。

今日は早く帰りたい!! テキパキ仕事を片付け、残業をしないで帰るには?

ワインレッド

　テキパキ仕事を片付けられる日もあれば、ダラダラと一向に進まず残業になる日も。でも今日は絶対、定時に帰りたい！　そんなときは**ワインレッド**が味方になります。ワインレッドは、バリバリとスピーディーに片付ける力を持つ赤と、単調な作業もミスなくできる青が入った色。休憩タイムにこの色のマグカップでコーヒーを飲みながら、今日のうちにやるべきことをこなしましょう。

単純ミスをなくしたい!!
原因別 お助けカラーはこの色

　仕事にミスはつきものですが、同じミスを何度も繰り返すのは避けたいもの。何が原因でうまくできないのかを、一度考えてみましょう。原因がわかれば、その対策やお助けカラーがわかります。

「ミスしちゃダメ」という気持ちがプレッシャーとなり、ミスしてしまう場合　・・・▶ アプリコット

失敗を意識しすぎることが、かえってミスを呼んでいる場合、心を大きく、楽天的に変えることが必要かも。淡いオレンジ系の色であるアプリコットのシャツを着てみましょう。オレンジ系は、心にゆとりを作ってくれるので、落ち着いて仕事に取り組めるようになるでしょう。

時間が足りなくて焦る気持ちがミスにつながる場合　・・・▶ アクア

「間に合わないかも！」。こんな焦りが集中力を削ぎ、ミスを誘っている場合、淡い青緑系のアクアが効果的。アクアは、物事に集中させてくれつつ、おおらかな気持ちも与えてくれる色。締め切りが近づいてきたら、この色のマグカップで飲み物を飲みましょう。

周囲の目が気になって、ドキドキしてミスする場合　・・・▶ 黒

周囲の人に仕事ぶりをチェックされているように感じて気持ちがドキドキしてしまい、それがミスにつながっている場合は、黒がいいでしょう。自己防衛カラーの黒の洋服を着ることで、動じない精神状態を保てます。

職場の人間関係充実編

周囲の評価が得られないとき

ゴールド

自分は一生懸命に働いているのに、誰もほめてくれないと、やる気がダウンしてしまいがち。でも、努力していることは素晴らしいことです。自分で自分をほめてあげてください。

周囲の評価が得られないときは、**ゴールド**の力の出番です。この色には、ポジティブに物事を進めていく力があります。腕時計をゴールドにしてみましょう。形は、丸いものがベスト。なぜなら、丸は良縁を運んでくれる形だからです。

ゴールドの時計を身につければ、未来の栄光が想起しやすくなり、さらに良い仕事ができ、周囲の評価を得ることにつながるでしょう。

同僚ともっと協力して仕事をしたいとき

黄緑

人は自分ひとりの力では、大きな仕事を成功させることはできません。「餅は餅屋」という言葉もある通り、自分が得意な分野もあ

れば、相手が得意な分野もあるので、それぞれの能力を合わせると、うまくいくのです。

同僚ともっと協力して仕事をしたいときは、調和を意味する緑と希望の黄色が混ざった、**黄緑**が最高です。黄緑は、人の絆を高めて、効率良く楽しく仕事に向かう力や、チームワークを強化してくれます。できれば、同僚にも黄緑パワーを伝え、一緒に文房具類に取り入れてもらうと、より効果的です。

部下ができた。仕事を上手に頼むには?

桜色

初めて部下ができたら、うれしい反面、どう対応していいのかわからないもの。まずは、部下とコミュニケーションを取ることが大切でしょう。あなたからランチに誘って親交を深めてみては。

そして、そんなときにおすすめのカラーは、ズバリ**桜色**。桜色は、相手の心を優しく穏やかな気持ちにさせて、「この人のためなら協力したい」と思わせる色。部下の心をまず和らげることがポイントです。アイシャドーやグロス、シャツに取り入れてみましょう。

意見が対立しがちの同僚。
衝突せずに意見を通すには？

ミントグリーン

　同僚と意見が対立しがちのときには、同僚の意見をとことん聞き、多少は取り入れることも必要です。自分の意見だけを通そうとすると、後々の関係に支障をきたす恐れもあります。一番いいのは、自分の意見と同僚の意見を半々に合わせた企画にすることかも。

　でも、これだけは自分の意見を通したいというときは、同僚の心を和らげて、心のバランスを取る**ミントグリーン**が最適。ミントグリーンは、人の気持ちを爽やかにして、相手の心に寄り添うことができます。この色のシャツやワンピースなどで、同僚の心をとらえましょう。きっとあなたの意見が通りやすくなります。

職場に自分の居場所がないように感じる。
もっと認められるには？

コーラルオレンジ

　「自分は必要とされていないのでは……」。そんな気持ちになったら、**コーラルオレンジ**を取り入れましょう。この色があなたの存在

感を高めて、仕事へのやる気をアピールしてくれるでしょう。コーラルオレンジのチークと口紅をしばらくつけてみると、職場の人たちから認められやすくなるでしょう。

社内会議などの場で積極的に発言して、評価アップを狙いたいとき

ウルトラマリンブルー

紺

会議で発言するとなると、緊張するもの。でも、会社の人から好感がもたれるヘアスタイルや服装、そして色を身につけていれば、大丈夫です。

評価アップを狙いたいときは、**ウルトラマリンブルー**を。濃いめの青であるこの色は、クールで洗練されたイメージがあります。

この色のストライプの入ったシャツに、同じ青系統の**紺**のパンツスーツを。メイクにも、青のアイラインとマスカラに、賢さと可愛らしさを伝える水色のアイシャドーを使いましょう。ヘアスタイルは、青系統のシュシュできちんとひとつに束ねて、清潔感をアピールしましょう。

ブルーオーラで自信がつき発言力も増して、評価アップが期待できます。

もっと仕事仲間から信頼されるようになりたい

紺
黄色

充実した仕事をするためには、周囲から信頼されることがとても大切。信頼がなければ、安心して仕事を任せてもらえないでしょう。

職場の人たちから信頼されるためには、**紺**のジャケットやスーツがマストアイテム。また、**黄色**も希望の光のような存在に思わせるので、アイシャドーやスーツのインナーにぜひ取り入れてみて。

紺も黄色も、知的美人を演出するカラー。1日だけでなく、定期的に身につけて、職場の人の潜在意識に良いイメージを植え付けましょう。

上司に直談判するときには、どんな色を身につけていると意見が通りやすい？

オレンジ
ライラック

日ごろから上司や同僚からの人望を集めていると、上司に直談判するときにも、うまくいきやすくなります。何事も、あなたの人柄や仕事への誠実な態度などが大切です。

人望を集めやすくするカラーは、心温かいイメージと良縁効果たっぷりの**オレンジ**と、

女性らしい高貴さと一目置かれる存在になる紫系の**ライラック**です。

　オレンジは、デスク周りの仕事グッズや、上司と話す当日のチークや口紅に。言葉もスムーズに出るでしょう。

　ライラックは、少し赤みのある柔らかい紫です。この色は、ペンケースやペンなど、手に触れる部分に使うと、上品で優しい印象がもたれます。この２色を取り入れ、上司の心をとらえて、自分の意見を通しましょう。

雑用をたくさん頼まれて、自分の仕事に集中できない。頼まれにくくする色は？

黒

　あれもこれもと、雑用をたくさん頼まれてしまうと、自分のやるべき仕事ができなくて、困ってしまうもの。周囲には、自分の仕事に没頭していて、他のことをやる時間はないという印象を作ることがポイント！

　そのために効果的なカラーは、**黒**が最適。人からの干渉や刺激から守ってくれるし、拒絶をアピールできます。黒いヘアアクセサリーを髪につけて、黒のジャケットを羽織って、雑用を近づけないオーラを出しましょう。

リーダーになったので、周りの人とうまくやっていきたい

青紫

ラベンダー

　リーダーとしてうまくやっていきたいときは、威厳のある大人の知性を感じさせるようにしていきましょう。

　その場合、知性と賢さの青と、高級感と成熟した女性を感じる紫の入った**青紫**を頼りにしてみて。青紫のスーツに、上品で優雅なイメージの**ラベンダー**のシャツを合わせましょう。ピアスなどにも、青紫の石の入ったものを。

　周囲に一目置かれるようになり、相手の苦しみをわかる力を発揮するのが青紫です。この色のパワーで、職場の人たちを優しく寛大な心で引っ張っていきましょう。

周りの人を味方につけて、仕事を進めたいとき

アプリコット

ミントグリーン

　周囲の人たちの助力があると、良いパワーをもらえて、たいていの仕事はうまくいくもの。日ごろから、愛されるキャラでいたいものです。

　周りの人たちを味方につけて、仕事を進め

たいときは、女性にも男性にも可愛がられやすい**アプリコット**と、爽やかな癒し系を演出する**ミントグリーン**を味方に。アプリコットのアイシャドーや、淡い感じならばネイルに彩りましょう。ミントグリーンは、シャツや書類を渡すクリアファイルに。2色とも、人間関係を良くして、仕事運を上げるカラーなので、とてもおすすめです。

上司と良好な関係を築きたい

ゴールドベージュ
赤

　上司から気に入られているほうが、何かと仕事では助かるもの。上司と良好な関係を築きやすいカラーは、エレガントな**ゴールドベージュ**。相手を引き立てながら、自分にもほどよい華やかさを与えてくれます。職場を明るくさせる効果もあるので、暗い雰囲気を浄化するためにも、おすすめです。

　また、上司のことが苦手な場合には、つねに赤のものを身につけておくと魔除けになって、あなたを守ってくれます。できれば、赤い下着は何種類か持っておきたいもの。赤は、苦手な人がいても、堂々たる態度で対応できるパワーを持っています。

上司のことをもっと理解したいとき

水色

コバルトブルー

　上司からの助言や仕事への考え方、心のあり方などを理解していくためには、あなた自身がそれを受け入れる心を持つことが大切。

　上司のことをもっと理解したいときには、謙虚に相手を受け入れる気持ちにさせてくれる**水色**が最適です。上司へ企画書や書類を渡すときには、水色のファイルを。また、1日一緒に行動するようなときは、水色のシャツを。そしてメイクでは、誠実な心を示す**コバルトブルー**のアイラインとアイシャドーを入れておきましょう。上司の長所探しをすると、より理解できて、さらに良好な人間関係が築けます。

上司に自分のことを理解してもらいたいとき

パンプキン

　上司とコミュニケーションが取れていないと、あなた自身の魅力や能力を理解してもらえにくいもの。

　もっと上司に自分のことを理解してもらいたいときには、絆を結ぶオレンジが入った**パンプキン**を身につけましょう。この色は、上

司との交流を円滑にさせて、あなた自身の行動もテキパキとはかどらせてくれます。ぜひ、ファッションの一部や小物入れ、ペンケースなどに取り入れてみて。そして、自分の考えを伝えるときは、上司の目をきちんと見つめて、真剣な心を感じてもらいましょう。

女性上司に気に入られたいとき

ダーク
ブラウン

ベージュ

オレンジ

　女性が上司の場合は、フェミニンさをあまり感じさせない、キリリとしつつも安定感や温かみのある色のファッションやメイクがおすすめです。反対にクールビューティーすぎるイメージだと、上司との心の距離感にズレが出てきてしまいます。

　そのためには樹木のような朗らかさを感じさせる**ダークブラウン**や、癒しと和みを与える**ベージュ**、そして親しみやすさを感じる**オレンジ**の3色が効果的。ダークブラウンやベージュのスーツは、一着は持っていたいもの。また、オレンジのシャツやアイシャドー、チーク、口紅をそろえておきましょう。

女性の多い職場でうまくやりたい

紺

　女性ばかりの職場では、フェミニンなイメージを強調する色や形のファッションは、周囲の反感を買いやすいので控えましょう。
　女性の多い職場で良い人間関係を築きたいときは、男性的で保守的な色である**紺**が最適。紺などの青系統の寒色は、きちんとした堅実な印象と仕事ができるイメージをもたらします。紺のジャケットやスーツ、ヘアアクセサリーなどでそろえれば、女性の敵は作りにくくなります。また、青系統のストライプのシャツも女性らしさを感じさせないので、一枚持っておくと便利です。

相性の良くない人と１日外出を共にする！そんなときのお助けカラーは？

フォレストグリーン

　一日中、相性の悪い人と一緒にいるのは、苦痛なこと。でも嫌々オーラを出していると、相手にすぐ伝わるので注意したいものです。
　相手の良いところを感じながら、自分が爽快になれるカラーは、**フォレストグリーン**。深緑系のうっそうとした森をイメージできる

この色は、見る人に休息を与えるので、落ち着いて行動できます。落ち着くことにより、相手の良さがわかってくるもの。ハンカチやショール、仕事ノートなどにこの色を使ってみましょう。また、フォレストグリーンをお店の内装などに使っているカフェで一緒にお茶をすることも効果的です。

どうやらお局さまに目をつけられた。どうすればいい?

純白

シルバー

ダークグレー

お局さまのいる職場では、"あまり目立たず控えめに"をモットーにしておくことが、快適なオフィス生活につながるでしょう。

不運にもお局さまに目をつけられたときには、浄化の2大カラーである**純白**と**シルバー**を使っていきましょう。純白は邪悪なものを寄せ付けない効果が大きいので、しばらくは下着は白にします。シルバーは高ぶった神経を鎮めますから、指輪やイヤリング、ピアスなどに取り入れたら、自分も相手も心が落ち着いてくるはず。そして、目立たないカラーである**ダークグレー**のスーツに身を包んで、個性を打ち消しておけば、しばらくすればお局さまの目も光らなくなるでしょう。

服装の色で相手のホンネを読み解くヒント

　服装の色には、心の中の無意識のメッセージが現れています。好きな人や気になる人の心や性格を知りたいときは、その人がよく身につけている服の色をチェックしましょう。

赤い服装が多い人
　独立願望が強そうです。会社員ではなく、経営者になりたいタイプ。恋人には、何よりも自分を立ててもらえることを求める傾向があります。

ピンクの服装が多い人
　男女問わず細かい気遣いができるタイプ。こちらが気を遣うと、さらに愛情をかけてくれるような、優しく面倒見の良い人でしょう。

黄色い服装が多い人
　仕事に対しては誠実で厳しい人。一見、テキパキと仕事ができそうなタイプですが、誰かに愛されている感覚がないと、弱ってしまい、それが仕事に現れてしまう面も。

緑の服装が多い人
　人を受け入れる雰囲気があり、周囲の人のグチの聞き役になることが多いため、ストレスをため込んでいることも…。

本音は、ひとりの時間を求めていそう。

オレンジの服装が多い人

誰よりも成功願望を強く持っています。逆境があったゆえに、高い目標を持っていますが、かなわないときには何かに依存せずにはいられなくなるので、周囲の人の助けが必要です。

青い服装が多い人

言いたいことを言えない苦しみがありそうですが、クールな表情で過ごしているので、周囲の人にいつまでもわかってもらえない悩みがあるタイプかも。

紫の服装が多い人

自分の中に二面性が潜んでいるけれども、あまりそのことを悟られたくないと思っています。でも、ずば抜けた直感があるので、人を見抜く力を持っています。

黒い服装が多い人

自分の弱さを隠して、あえて強く見せたいタイプ。繊細な心の持ち主かもしれません。

白い服装が多い人

あいまいさやウソが嫌いです。厳しく人を見ていることが多いタイプなので、軽率な行動には注意しましょう。

苦手な人とそつなく付き合いたい

オリーブ
グリーン

ペール
オレンジ

仕事で、相性の合う人と取り組むのは、ハッピーなこと。でも、苦手な人と付き合うこともあるでしょう。

苦手な人とそつなく付き合うには、謙虚で安定感をイメージさせる**オリーブグリーン**を取り入れてみて。この色は、誠実なイメージと、ナチュラルな爽やかさを伝えるので、相手に安心感を与えます。オリーブグリーンのスーツやパンツ、スカートに、親近感をもつ**ペールオレンジ**のインナーで、ほどよい距離感を保っていきましょう。

女性の同僚たちと無難に仲良くしたい

ベージュ

女性の同僚と仲良くするコツは、男性社員と仲良しモードになっている場面をあまり見せないこと。女性は細かいところをチェックしているので、気をつけておくべきです。

女性の同僚と無難に付き合っていくときには、相手の心とカラダをくつろがせるパワーを持つ、**ベージュ**を愛用してみましょう。ベージュのアイシャドーや、膝かけ、スーツなど、

相手の目に触れやすいところに取り入れるのが効果的です。

　ベージュは、周囲の人たちを癒す力が大きい色なので、「あなたといると癒されて気持ちがラク」と思われるでしょう。そうすれば、女性の同僚とも、うまくやっていけます。

頑張りすぎていることに気づいてもらいたい

（ブルーグレー）

　周囲の期待に応えようと頑張りすぎてしまう女性は意外と多いもの。弱音を吐くことができず、体調を崩すケースもあるようです。

　周囲の人に「頑張りすぎていて、本当は辛い」というSOSに気づいてもらいたいときは、**ブルーグレー**を。この色は、どちらかというと顔色を悪く見せる色。この色のアイシャドーを使うと、少し疲れた表情になるので、周りが気遣ってくれるかも。そして、心配してくれた相手には、正直に、少し無理している状態であることを伝えましょう。

隣の席の人がどうしても苦手。あまり気にしないようにするには？

黒

純白

　苦手な人が隣にいると、気を奪われやすくなって自分の仕事に集中できないことも。隣の人のことを気にしないために効果的な2つの色をファッションに取り入れましょう。

　その2色は**黒**と**純白**。たとえば、相手の気をシャットアウトする黒はスーツに、嫌なものを遠ざける働きの純白はシャツや襟元に。さらに水晶などのパワーストーンがある人は、自分の机の周りに置いて、隣の人の気がこないようにしておきましょう。

　風水では、自分の机の上を整理整頓し、水ぶきすると浄化作用になるといわれます。また、隣の人の机の角からは、「尖角殺」といって、殺気が出ているので、隣の人に近い机の角に観葉植物を置いておきましょう。

プライベートを詮索(せんさく)されることをうまくかわしたいとき

ダークグレー

　仕事関係の人からプライベートのことを干渉されすぎると、ちょっと困りますよね。職場の飲み会などではお酒が入るので、より詮索されがちでしょう。

　プライベートを詮索されることをうまくかわしたいときは、黒に近い**ダークグレー**のワンピースやジャケットで身を守りましょう。グレー系は、人への刺激が少なく、目立たないので、この色をお守りに。

　あれこれ聞かれそうになったら、自分から別の話題に切り替え、当たり障りのない芸能ニュースなどの話をしてみては。

職場のギスギスした人間関係を改善したい

黄色

　職場の人間関係が良くないと、みんなの仕事力が低下し、会社全体にも悪影響を及ぼしかねません。そういう職場は、内装や机がグレーであったり、観葉植物もなかったり、空気がよどんでいたり、オフィス環境を改善する必要性があります。

職場の人間関係が良くないときは、菜の花のように明るい**黄色**パワーで、光のシャワーをオフィスに振りまきましょう。黄色は、スマイルマークの色でもあるように、自然とほほえみたくなるような笑顔を呼ぶ色。オフィスに黄色い花を飾ったり、内装を淡い黄色にしたりすると、職場が一気に華やかになり、毎日通うのが楽しいオフィスになるでしょう。

同僚の興味のない話に付き合わなければならないとき

ブルーレッド
黒
紺

ときには、断ることも必要ですが、毎回興味のない話を聞かなければならないのは、疲れてしまいそう。他にやるべきことがあるというイメージを演出しておくことが、脱出のカギです。

そのイメージカラーは**ブルーレッド**。忙しさを伝える赤と、相手に誠実な態度を示す青が含まれた色です。この色のノートやファイル、ペン類を使用しましょう。忙しさが伝わり、相手が気を遣い、遠慮してくれるでしょう。

また、職場では、**黒**や**紺**など色みのないカラーの服装で存在感を消しておくと、話に誘われにくくなるかもしれません。

誤解を解きたいとき

純白
紺

　誤解を解きたいときは、素直に自分の取った行動を述べてみましょう。そして、誤解を招く行動をしたことに対して、謙虚に謝ったほうが相手は受け入れてくれます。

　相手と話をするときは身の潔白を証明する**純白**と信頼感の**紺**を取り入れて。全身を真っ白で統一すると、クールでシャープな印象を残しやすいので、モヘアやウール、コットンなどの柔らかい素材でソフトな印象を演出しましょう。純白が似合わない人は、誰でも似合うオフホワイトを。メイクは、誠実さを表す濃紺のアイラインやマスカラが信頼力アップにつながります。

相手に失礼なことをしてしまったとき

グレー
水色

　相手に不快なことをしてしまうと、信頼を取り戻すために、時間と労力が必要となります。とにかく、失礼なことをしたら、すぐに謝罪をして、相手が許してくれるのを待ちましょう。

　失礼なことをしてしまったときは、淡いグ

レーのスーツと淡い**水色**のシャツのコーディネートでお詫びしましょう。なぜなら、淡いグレーは自分を控えめに謙虚に演出し、淡い水色は相手の怒りをしずめる効果が高いからです。

　原色系の派手な色のファッションは、たとえスーツの下のシャツでも避けるべき。原色は、相手に怒りと威圧感を与えるだけです。

相手に苦言を呈したいとき

水色

　ときには、その人の成長のために苦言を呈することも必要。愛情のある苦言なら、必ずわかってくれるはず。物は言いようですから、相手の良いところをほめながら、優しく、ゆっくりとした口調で苦言を伝えてみましょう。

　相手に苦言を呈したいときは、**水色**を使いましょう。アイシャドーや、シャツ、アクセサリーがおすすめです。水色は、相手を傷つけることなく、温かさと悪気のなさを伝えてくれます。

　また、直接苦言しにくいときは、この色の便せんやカードにメッセージを託してみるのもいいでしょう。

後輩を叱るときに嫌われないようにするためには?

フォレストグリーン

後輩に注意や苦言を伝えるときは、いかに「あなたの味方だよ」というメッセージと、「癒し系の頼もしい先輩」というイメージを同時に伝えられるかが重要です。

その2つがかなうカラーは、寛大でおおらかな森林カラーの**フォレストグリーン**。この色のカットソーやアクセサリーを身につけて、緑の多いカフェなどで伝えるようにしてみると、後輩も最後は爽やかな気持ちになるでしょう。

心とカラダの緊張感を解きほぐすカモミールティーなどを飲みつつも、しっかりと言いたいことを伝えましょう。

会社の食事会や飲み会で孤立しがち。みんなに溶け込みたいときにはどんな色?

コーラルオレンジ

会社での食事会や飲み会は、みんなと一緒に仲良く、話題に入っていきたいもの。

みんなに溶け込みたいときのお助けカラーは、コーラルの自ら光を放つパワーと、心の

距離感を縮めるオレンジが合わさった**コーラルオレンジ**です。チーク、口紅、グロス、ワンピースなどをこの色で統一してみて。この色は、身につけても、また見る人にも暗い気持ちを起こさせないので、スマイルパワーが全開になり、まさに飲み会向きの色です。

そして、自分から楽しく明るい話題を振りまいてみてください。みんなで楽しめそうな情報を集めておきましょう。

COLUMN

机周りや仕事グッズには明るい色を取り入れるのがおすすめ

職場では、服装も事務用品もグレーや紺など色みが乏しくなりがち。でも、目の前の環境が明るいと、気分が晴れやかになり、前向きな気持ちで仕事に取り組めます。机周りには、明るく澄んだ色を取り入れることを心がけてみましょう。

おすすめは、**赤**、**黄色**、**オレンジ**、**緑**、**青**、**紫**、**純白**など。ペンや書類を入れるファイル、メモ帳、ポストイット、クリップといった小物は、何種類かの色を用意しておき、その日の気分や、「今日は集中したいから青」「赤で気合いを入れよう」など、シチュエーションに合わせて使ってみましょう。

就職・転職編

転職＆キャリアアップに成功したい

ゴールドオレンジ

「新しい仕事の世界へ飛び込んでみたい！」。そんな願望は、誰もが一度は抱くことでしょう。転職やキャリアアップは、明確にイメージできるほどの目標があることが大切。

転職＆キャリアアップに成功したいときは、**ゴールドオレンジ**のパワーを借りましょう。

この色には成功オーラが宿っています。手帳やバッグなど、つねに手や目に触れるところに活用しましょう。消極的な態度は、成功から遠ざかってしまいます。ゴールドオレンジの手帳やバッグで、積極的な行動力を身につけてください。

面接で好印象をもたれたい

ペール
イエロー

　第一印象が良い人の特徴は、まず明るく元気なこと。暗く、声も小さくおとなしいと、面接官に印象が残りにくくなってしまいます。

　面接で好印象をもたれるためには、**ペールイエロー**など淡い黄色を活用してみて。アイシャドーや、スーツの下のシャツに取り入れましょう。

　淡い黄色は、ハツラツとした若々しさと知的なイメージを持ち、賢く仕事のできる人と思われやすくなります。一方、仕事向きのイメージではないのがラベンダー。仕事に対する意欲をアピールする面接時には使わないほうがいいでしょう。大好きな色だから身につけていたいという人は、腕時計のベルトなど目立たないところに活用しましょう。

COLUMN

就職活動中に取り入れたい！
希望の職場にめぐり会える仕事運アップカラー

仕事はできるだけ楽しくやりたいもの。そのためには、自分の希望に合った職場との出合いが重要です。就職活動中は、何度うまくいかなくても、へこたれない心で、いい職場との出合いを信じて行動しましょう。

待遇・給料の良い職場がいい ・・・▶ ゴールド・クリームイエロー

金運をひき寄せる効果の高い色が、ゴールドとクリームイエロー。給料や待遇を最優先する人は、この2色をアイシャドーやネイル、指輪などに取り入れましょう。

人間関係の良い職場がいい ・・・▶ オレンジ・黄色

コミュニケーションカラーの代表であるオレンジと黄色。マグカップや携帯電話の待ち受け画面、就職活動で使用する書類入れ、ファイルなど、よく使うものに取り入れてみて。

充実感を得られる仕事がしたい ・・・▶ ベビーピンク・ホットピンク

仕事に充実感を求める人は、2種類のピンクの力を借りましょう。まずはベビーピンク。この色は心を満たす効果の高い色。さらにホットピンクは、前向きな気持ちで面接などに臨む力を授けてくれます。パソコンで採用情報を調べている人なら、マウスはベビーピンク、マウスパッドをホットピンクにしてみては？

転職後の初出勤で、好印象をもたれる色は?

ライトグレー

ペールオレンジ

　転職後の初出勤の際には、誰からも好かれやすい、爽やかで清潔感があるイメージを作り出すことがポイント。

　効果的なカラーは、目立つことなく上品な控えめさを伝える**ライトグレー**のスーツに、みんなから愛されやすい元気な色の**ペールオレンジ**のシャツを着ていきましょう。スーツは、シワにならないよう、ストレッチ素材のものがおすすめ。ネイルも、ペールオレンジは淡い色なので派手にならず、健康的な手元を演出してくれます。

独立・起業するために、いいパートナーに出会いたい

青紫

　独立・起業していくためには、多くの質の良い人脈が成功のカギとなります。異業種交流会へ行くと、色々な人たちと出会いますが、本当に良い人とめぐり会うのは、ほんの一握りでしょう。

　いいパートナーに出会いたいときは、直感

力を養うことがポイント。直感が鈍ると、悪縁をひき寄せてしまいます。直感力を高めるカラーは、**青紫**。青紫のスカートやワンピースを身につけて行けば、カンが鋭くなり、良いパートナーと出会う確率が高まります。

独立・起業して成功したい！

ベビーピンク

ゴールド

　独立・起業で成功している人ほど、自分にとって縁起の良いカラーを知っています。たとえば、この色を身につけるといいことが起こるということを統計的に調べておくのです。そのラッキーカラーを定期的に身につけると、成功しやすくなるでしょう。

　まずは、女性が大きな幸運に恵まれる**ベビーピンク**と**ゴールド**をうまく活用してみましょう。この2色は、女性としての総合的な運気と財を呼び込む力が強いので、女性起業家のサクセスカラーとして覚えておいてほしい色。ぜひ、ゴールドの腕時計に、シャツやアイシャドー、グロスにはベビーピンクを取り入れて、成功をめざしましょう。

新しい職場に早くなじみたいとき

黄緑

　初めての職場や学校では、周りの人となじめるかが心配なところ。自分から恥ずかしがらずに、話しかけていくことも大切です。

　早く周囲の人になじむためには、フレッシュパワーにあふれた**黄緑**を味方につけて。黄緑は、明るい親しみやすい黄色と、人柄のよさを印象づける緑が混じり合った色。周りに警戒心を抱かせにくいので、黄緑を用いると、人が近寄りやすくなります。

　新しい環境では、文房具類、スーツのインナーなどに取り入れて、職場の人たちと仲良しになっていきましょう。

アルバイトや派遣社員から正社員になりたい

赤

黄色

　不景気が続く世の中、安定した正社員の職を求める人は多いでしょう。日ごろの努力や積み重ね、他の人がやらない部分にも手抜きしない行動が、上の人の心をとらえると思います。

　アルバイトや派遣社員から正社員になりたいときは、前進する勇気を与えてくれる**赤**と、

脳を活性化し、ビジネスセンスが良くなる**黄色**のダブル使いがおすすめです。

　赤は、人よりもタフに仕事をこなしていけるスタミナをつけてくれます。

　黄色は、対人関係を円滑にし、お金の巡りも良くし、さらに幸福ホルモンと呼ばれるベーターエンドルフィンの分泌を促します。仕事用のバッグや定期入れは赤にし、職場での仕事グッズは黄色に統一してみたら、仕事運がみるみる上昇して、正社員になれるかもしれません。

資格勉強中。勉強をはかどらせるには？

水色
青

　資格や勉強はその人の天職を見つけるきっかけにもなります。カラー風水で資格・勉強運に良いとされる**水色**と**青**をお守りカラーにしていきましょう。この2色を勉強用のノート、ペン、消しゴム、ファイルなどに取り入れてみてください。青や水色が苦手な人は、**赤**や**ピンク**などラブリーなハートやお花のキラキラシールなどをノートやファイルに貼ると、パワーアップし、楽しく勉強できて、資格が取れるでしょう。

　興味のあることに挑戦し勉強していくこと

は、自分の能力を開花し、未来を明るくさせるとても良い行動。何事も、知識を蓄えておくことが、その人の経済につながります。

試験当日。実力発揮のために身につけたい色は?

- 朱赤
- 紺
- 青
- ゴールド

　試験当日は、ほどよい緊張を感じながら、ベストコンディションで迎えたいもの。実力を発揮するためには、身につけるものの色や縁起の良いものに、こだわりましょう。

　まず、下着やインナーなど直接肌につけるものは、バリバリと活力が湧いてくる**朱赤**を。必勝のだるまも朱赤のように、この色は、開運や困難なことを乗り越える絶大なパワーがあります。

　ペンや消しゴムには、集中力をアップさせミスを減らし、数字に強くなる**紺**や**青**を。ペンケースなど文房具類には栄光を意味する**ゴールド**を取り入れると、試験突破のイメージが湧きやすく、自分に自信をもつことができます。

健康とキレイを
手に入れる方法

健康&美容の章

健康なカラダをめざす編

疲労をすっきり解消したいとき

ラベンダー

ベージュ

　心身の疲れをため込んでしまうと、病気やストレスの原因になってしまいます。色の力を上手に活用して、悪いものはためない習慣を身につけましょう。

　毎日の疲労をすっきり解消したいときは、心身のダメージを回復する**ラベンダー**がおすすめ。この色には脳の中の疲れをとる作用もあり、夢見る気持ちを育ててくれます。疲れているときは、現実逃避してあげることも、ときには必要です。

　また、ラベンダーは、見ているだけで美意識が高くなり、ピンクと同じように女性ホルモンを活性化させる色。ラベンダーの部屋着やパジャマでくつろいだり、ラベンダーの香りのするアロマキャンドルを焚いて和みながら、好きな本を読んだり、音楽を聴いたりして、癒しの時間を満喫してみて。

　もう1色、**ベージュ**も心身の疲労をとるには最適なので、ラベンダーと併用すると効果は倍増します。膝かけやブランケットなどに

取り入れるのがおすすめです。

冷え性を改善したいとき

赤茶

　カラダを冷やすことは、万病のもと。体温が下がると免疫力も低下するので、さまざまな病気を引き起こす原因となります。首や腰、足が冷えると、すぐに風邪をひいてしまいます。また、「ガンは冷えた臓器を好む」ともいわれています。

　冷え性を改善したいときは、レンガのような**赤茶**を取り入れてみてください。赤系統の色は、カラダを温める効果が抜群。とくに赤茶の場合、茶色が入っているため、心理的にも温かい気持ちになり、身も心もポカポカになります。冷えやすい下半身や足元には赤茶の靴下やタイツ、お腹周りもこの色の腹巻でカバーしてみましょう。また、赤茶のマグカップでショウガ紅茶を飲むことも、冷え性には有効です。

だるくて、やる気が出ないとき

黄緑
黄色
オレンジ

　誰でも、だるくて何もやる気がないときはあります。エンジンがかかるまでは、時間がかかってしまうもの。

　そんなときに、一気に楽しくパワーチャージしてくれるカラーは、**黄緑**、**黄色**、**オレンジ**。いずれもフレッシュなバイタリティーにあふれたカラー。カラダの底から力を押し上げてくれる効果があります。まずは部屋のインテリアに、黄緑の観葉植物を置いてみて。とくに丸い葉を持つものは心を穏やかにし、運を招きます。また、オレンジや黄色の好きな感じの花をテーブルにたくさん置いてみると、部屋が浄化されて、気持ちよくなります。

食欲を出したいとき

オレンジ
赤

　レストランやファーストフード、コンビニなど食を扱う多くの店では、看板やインテリアに赤やオレンジ系の色が活用されています。これらの色には、食欲を増進させる効果があるからです。

　食欲が湧かないときには、**オレンジ**や**赤**が

おすすめ。とくにオレンジは、唾液の分泌を良くし、成長ホルモンの分泌を促すなど健康維持に力を発揮。また、お腹がすいた気持ちにさせる摂食中枢を刺激するので、食欲を旺盛にしてくれます。食卓の上に、ガーベラなどオレンジ色の花を飾り、ランチョンマットやお皿などもこの色にしてみましょう。

健康的に見られたいときに効果的な色は？

山吹色

コーラルピンク

風水では、血色の良い人ほど運のめぐりも良くなるといわれています。健康的なイメージを人に与えると、好印象につながるので、あらゆる運をつかむことになります。

健康的なイメージを演出したいときは、**山吹色**が頼りになります。この色は、鮮やかな黄色であり、健康的で笑顔の美しい人という印象がもたれます。面積の多いワンピースに、山吹色を取り入れてみましょう。華奢な体型をしていても、健康的に見られるので、やせている人にもおすすめ。

また、メイクに取り入れたいのが**コーラルピンク**。可愛くて健康的なこの色のチークを頬の高い部分に丸くのせると、イメージアップと開運につながります。

食欲を抑えたいときには？

青紫

ピンク

　食欲旺盛なことは健康な証拠かもしれません。でも、食べすぎると胃に血液が集中して、他の部分に血が行き渡らなくなり、冷えや免疫力の低下につながることも。少食のほうが健康と美容の維持につながるようです。

　旺盛な食欲を抑えたいときは、**青紫**がベスト。食べ物には、青や紫の食材が少ないこともあり、食欲を抑える効果が高いのです。ダイエット中などは、青紫のテーブルクロスを食卓に敷き、お皿も青紫系統でそろえてみて。

　またヘルシーなスイーツを食べるときは**ピンク**系のお皿を使いましょう。ピンクは甘味を人に感じさせる色といわれているので、少量でも満足感が深まるでしょう。

睡眠不足が続き、シャキッとできないとき

レモンイエロー

　睡眠不足は、美容と健康の敵です。さらに、脳の働きが鈍くなり、運をつかむ力も弱ってしまいます。

　忙しくて睡眠不足が続いたときは、脳からリフレッシュする**レモンイエロー**の力を借り

ましょう。朝起きたときに、レモンイエローのバスタオルかバスローブでカラダをふいて、部屋には頭も気持ちもスッキリさせてくれるレモンの精油を焚（た）いてみましょう。一気に気分が爽やかになり、心身がよみがえります。

黒やグレーばかりだと健康に良くない？

　黒やグレーといったモノトーンの服が好きな人は多いでしょう。たしかに何にでも合わせやすいし、無難に使えるので、とくに仕事では重宝します。

　でも、黒やグレーは光の刺激に乏しく、着続けているとカラダの活動レベルが低下することも考えられます。これらの色はホルモンの分泌量を調整する脳の中の松果体（しょうかたい）へ良い影響を与えないので、健康にプラスになる色とはいえないのです。心にもカラダにも明るい色の力が必要です。

緊張するとお腹が痛くなる体質に効く色はある?

ゴールド
アイボリー

人前で話すとき、プレゼンをするとき、だれかに言いにくいことを伝えなければならないとき……そんな場面になると緊張からお腹が痛くなる人がいます。これを改善してくれるカラーは、**ゴールド**と**アイボリー**です。

ゴールドは、それを身につけた人に堂々とした落ち着きを与え、全身をおおらかなオーラで包んでくれます。ゴールドなど黄色系統のカラーは、神経や内臓を刺激し、胃液の流れを良くするので、お腹の痛みを和らげてくれるでしょう。

また、アイボリーは、穏やかさを与えて、カラダの緊張を解きほぐします。緊張することが予想されるときはゴールドの指輪、ネックレスを身につけて、アイボリーのワンピースやスーツを着るようにすればきっと気持ちが落ち着きます。

COLUMN

元気になりたい!というときは食の色にこだわってみよう

　中国や韓国に古くから伝わる「陰陽五行説(いんようごぎょうせつ)」という思想があります。すべてのものは、まず陰と陽に分けられ、そして木・火・土・金・水にも分けられ、それぞれが色や方角、臓器、味などと対応しているという考えです。その陰陽五行説では、一日に赤・黄色・青(緑)・黒・白の食材を摂ると、健康なカラダが作られるといわれています。韓国料理の代表食であるビビンバがまさにその5色。

　5色をすべて取り入れることは、さまざまな食材を取り入れることにつながります。古代思想と色で、健康パワーをもらいましょう。

赤 の食材
- トマト
- ニンジン
- 唐辛子
- 肉類

黄色 の食材
- 味噌
- 納豆
- かぼちゃ
- レモン

青(緑) の食材
- ほうれん草
- ブロッコリー
- キウイ

黒 の食材
- 海藻類(ワカメ、のり、ひじき)
- ゴマ
- きのこ

白 の食材
- ごはん
- 麺類
- 大根
- じゃがいも

肌荒れを改善したいとき

純白

ピーチピンク

　肌が荒れていると、それだけでブルーな気分になってしまうもの。そのことに気を取られすぎて、仕事にも恋にも悪影響を与えてしまいます。美肌をキープしておくことが、ほほえみのたえない生活が送れる秘訣です。

　肌荒れを何とかしたいときは、美人をつくるといわれる**純白**と、**ピーチピンク**の力を借りましょう。純白は、新陳代謝を促して肌を若返らせる効果を生み、ピーチピンクは身につけるだけで、肌を明るくさせて、桃の皮のような瑞々しいイメージを与えます。ピーチピンクのチークやグロスに、純白の清楚なシャツやカットソーで、エレガント美人になりましょう。

ぐっすり眠りたいとき

水色

　快適な睡眠は、健康や前向きな思考を保つために、必要不可欠なこと。また、睡眠不足は、肌の大敵のみならず、免疫力を低下させてしまいます。

　深い眠りを得たいときは、優しい癒しを感

じる**水色**に包まれてみましょう。水色などの青系統の色は、鎮静作用を持ち、心身のダメージから救ってくれます。また、体が酸素をよく取り入れて、炎症を抑える効果も期待できます。実際に、薬を使っても眠れなかった人が、青いレンズのメガネをかけたところ、眠ってしまったという話もあります。寝具類を水色にして、自然のエネルギーで満たされた緑の観葉植物を置いて、安らかな楽園のような寝室を作ってみれば、きっと安眠できるでしょう。

一方、寝具類に朱赤を使うと、精神が興奮して眠りを妨げる原因になることも。避けたほうがいいでしょう。

風邪をひいて寝込んでいるとき 早く元気になるためには？

純白
赤

「風邪をひいたら白いものを」といわれるほど、**純白**は人間の健康維持に必要不可欠な色です。純白は、虹の7色を含んでいるので、人間にとって有益なすべてのエネルギーを取り入れてくれるのです。

風邪をひいたら、白いパジャマを着たり、白い寝具に包まれて眠って、白いお粥を食べ

ましょう。

　また、ある程度、食べないと力が出ないので、**赤**の野菜やお肉を食べて、生きていくためのエネルギーを補給していきましょう。白と赤の効果で、風邪を吹き飛ばして、健康を復活させましょう。

二日酔いからシャキッと回復したいとき

黄色

　飲みすぎは、美と健康を損ねてしまいます。飲んだ翌日の二日酔いには**黄色**の力を借りましょう。

　黄色は、脳の目覚め、胃腸のバランスを整える効果を持っています。とくに、カラーセラピーでは、黄色は胃や肝臓の治療に使われます。黄色のタオルハンカチにグレープフルーツの精油を数滴垂らして、色と香りで二日酔いから脱出しましょう。すぐに、リフレッシュ気分がもたらされます。

　また、二日酔いはアルコールの分解に時間がかかるときに起こるもの。アルコールを分解するには、果物のグレープフルーツが良いとされています。長時間お酒を飲む際は、グレープフルーツサワーがおすすめです。

目の疲れをとりたいとき

ミントグリーン

　長時間パソコンに向かうと、目が疲れます。また、携帯メールやゲーム機なども長くやると、目の疲れから、頭痛や肩こりの原因になります。

　目やカラダを癒して、元気を取り戻すカラーは、フレッシュな葉の色である**ミントグリーン**。この色は、目の中の血流を良くするので、その他の疲労にも効果を発揮します。パソコンの画面をこの色にしたり、仕事机の前に緑系統の森や山の風景写真を飾ったりすると、眼精疲労が和らぐでしょう。

悪酔いを防ぎたいとき

ピーコックブルー

　仕事上の付き合いでは、お酒の席がしばしばあるもの。自分の健康をコントロールすることも、仕事のひとつです。健康を保たなければ、良い仕事はできません。

　お酒を飲む機会が多い人で、飲みすぎや悪酔いを防ぎたいときは、**ピーコックブルー**を頼りにしてみて。ピーコックブルーは青と緑を合わせた色。青と緑の副交感神経に働きか

ける効果で、鎮静作用をもたらします。その結果、控えめな行動を取りたくなります。大切な飲み会やパーティーなどでは、ワンピースやインナー、バッグなどにこの色を取り入れてみましょう。

　気をつけたいのはオレンジ。この色は楽しみたいという気持ちを大きくするので、大事な仕事相手とのお酒の席には控えたい色です。洋服に使っている日は、ピーコックブルーのハンカチなどを急いで購入、目につく位置に置いておきましょう。

生理痛を和らげたいとき

ローズ
ピンク

マゼンタ

　生理のときの気だるさや、お腹や頭の痛みなどは、本当につらいもの。痛みを和らげる鎮静剤は、ときには必要かもしれませんが、カラダを冷やす効果もあるので、できれば自然に和らげたいものです。

　生理痛を軽くしたいときは、**ローズピンク**を。ピンク系の色は、ベーターエンドルフィンやドーパミンといった幸福ホルモンの分泌を高めます。リビングや寝室にローズピンクのバラを飾れば、生理痛の不快な気分も、ハッピー＆ヒーリングオーラで、浄化されるで

しょう。また、女性の味方**マゼンタ**も活用してみましょう。この色は、女性の心の悲しみや生理痛に良いといわれています。マゼンタの下着とパジャマを生理の２週間ほど前から愛用してみると、効果が期待できそうです。

頭が痛いときに痛みを和らげてくれる色は？

紫
青

　頭痛が起こると、一気に不快になったり、何もしたくない気分になったりします。頭が痛いときのお助けカラーは、**紫**や**青**です。江戸時代のお殿様も病鉢巻といって紫の鉢巻を頭に巻きつけて、痛みを和らげていたとのこと。マウスパッドやパソコンの画面、花や植物などに取り入れてみましょう。これらのカラーが最近気になるという人は、かなり目や頭を酷使している証拠。青や紫系統は、頭部の痛みの緩和にとても効果的です。

夏バテを解消したいとき

ターコイズ
ブルー

純白

　夏に頑張りすぎてしまうと、カラダも心も疲れ果ててしまい、回復に時間を要することも。そんなときは、心身をクールダウンさせて、一度リセットすることが、夏バテを短くすることにつながります。

　お助けカラーとして、人を優しくリフレッシュしてくれる**ターコイズブルー**と、浄化・リセットの代表色の**純白**を活用してみましょう。ターコイズブルーの入浴剤を入れたクールなお風呂に入り、白いノースリーブの部屋着やワンピースを着れば、かなりスッキリした気分になれます。また、そのときに一番食べたいものを口にしてみましょう。好きなものを食べると、パワーが出ます。

COLUMN

ビューティー&健康に効く!
ランジェリーに取り入れたい色

　皮膚は「第2の目」ともいわれているほど、色を感知しやすい部分。今のカラダの状態に合った色を活用することによって、美容や健康に実りを与えます。

おすすめカラー

純白・赤・黄色・ミントグリーン・オレンジ・青・紫・ピンク

　白は、人間にとって有益な8色すべてのエネルギーを入れてくれるので、美容や健康には欠かせない色。ランジェリーカラーとしては、毎日健康的な白ばかりでは飽きてしまうので、上記の8色を毎日、日替わりで身につけてみては？　明るい色は、ホルモンバランスを良くします。月曜日は始まりのパワーの赤、火曜日は楽しくなる黄色、水曜日はバランスが良くなるミントグリーン、木曜日は残業を乗り切るオレンジ、金曜日は疲れがとれる青、土曜日は心身が安らぐ紫、日曜日は彼とのデートなのでピンクといったように、挑戦してみては？

NGカラー　**黒・グレー**

　こういった暗い色の下着は、老化を促進するといわれ、美容と健康には縁遠い色です。

キレイを手に入れる編

美髪を手に入れたいとき

ラベンダーピンク

マゼンタ

「女性は髪が命」といわれるほど、髪の毛は大切なもの。つねに、肌や爪と同じくらい、美髪をキープしておきたいもの。

美しい髪を手に入れたいときは、女性ホルモンの分泌を促してくれる、**ラベンダーピンク**や**マゼンタ**がおすすめ。ドレッサーなど鏡の近くにラベンダーピンクの花を飾り、この色の小物類を周辺に置いてみましょう。ヘアブラシにラベンダーピンクやマゼンタのバラの造花などをつけておくと、乙女気分に浸れて、ビューティー効果もさらにアップしそうです。

爪をきれいに見せたいとき

ピンクゴールド

爪が美しいだけで、手元美人になり、印象がとても良くなります。

爪をキレイに見せたいときは、**ピンクゴールド**のネイルがおすすめ。ピンクの可愛らし

い健康的な美しさに、ゴールドの輝きのある優雅なイメージが合わさり、誰よりも美しいサクセスオーラをまとうことができます。ぜひ、ピンクゴールドのネイルと共に、腕時計もピンクゴールドにすると効果倍増です。

最近、便秘ぎみ。快便体質になるにはどんな色を身につけたらいい?

黄色

便秘の状態が続くと、お腹のハリが気になり、イライラの元にもなるものです。女性に多い悩みである便秘を改善したいときは、**黄色**のパワーを取り入れましょう。

黄色には、消化器系の機能を活性化する力があります。便秘がちの人は、下着やキャミソールなどを黄色にしてみましょう。また、黄色の花を眺めているだけでも、腸の働きが良くなります。

黄色の食材には、便秘によいとされるものがたくさんあります。バナナやグレープフルーツがその代表です。サツマイモ、梨やドライフルーツのいちじくも食物繊維が豊富なので、お通じが良くなるでしょう。

ダイエットに成功したい！どんな色を身につけるとやる気が出る？

青紫

モーヴピンク

　ダイエットを成功させるためには、美意識を向上させる紫と食欲を減退させる効果の青が合わさった、**青紫**を味方につけて。青系統の色は、人間の欲望を抑える効果が高いのです。青紫をニットやカーディガン、バッグ、時計のベルトなどに取り入れましょう。また、人間を幸福な気持ちにさせる、紫系のピンクである**モーヴピンク**も併用してみて。この色のネイルをすれば、幸せな気分でダイエットに取り組め、きっと成功するでしょう。

　食欲増進カラーのオレンジと赤はダイエット中は身につけないほうがいいでしょう。

ストレスをなくしてキレイになりたい

サーモンピンク

黄緑

　ストレスをため込むような生活は、しないよう心がけましょう。つねに、自分を解放してあげる習慣を身につけておくことが大切。

　ストレスをなくしたいときには、**サーモンピンク**と**黄緑**の2色を取り入れましょう。サーモンピンクは、心身を楽しく活性化させ

て、至福感も与えてくれます。黄緑は、穏やかで前向きな心を作ってくれるので、ネガティブな感情を手放すことができます。サーモンピンクのワンピースに、黄緑のカーディガンを羽織ってみては。

　ちなみに、ひとりカラオケは、快適＆精神安定のホルモンと呼ばれる、セロトニンの分泌を促進しやすいとのこと。ぜひ、この２色のファッションやメイクなどで、カラオケに行って日ごろのストレスを吹き飛ばしましょう！　朱赤は、自分にプレッシャーをかけて、ストレスが深まるかもしれないので、避けたい色です。

COLUMN

キレイになりたい！という気持ちを持続させてくれるカラーは？

　「キレイになりたい」という気持ちは誰もがもっていても、その意思をもち続けるのは大変なこと。自分磨きの気持ちを持続させるためには、**オレンジ**と**マゼンタ**の２色をお守りカラーにしてみましょう。

　オレンジは、チークや口紅に取り入れて。健康的で明るいメイクで彩られた自分の顔を鏡で見るたびに、自然とやる気が高まります。そして、マゼンタは下着やインナーに使うのが効果的。愛や若さのパワーを秘めたこの色の力を肌で感じることで、つねにキレイを追求する気持ちをもち続けることができるでしょう。

体型の悩みもこれで解決!
ビューティー配色テクニック

　自分を美しく魅せる配色テクニックを知っておくことは大切なこと。太っている、背が高い&低いといった体型の悩みもカラーテクニックでカバーすることができます。

着やせ効果のある色

黒・ダークブラウン・寒色系・マゼンタ・ワインレッドなど

太って見える色

パステルカラー・暖色系

おすすめ配色テクニック

　全身黒や茶色だと、逆に存在感が際立って大きく感じさせるので、黒や茶色はスカートやパンツなどボトムに使って、上半身には寒色系をもってくるとほっそりと見えます。また、ワンピースやインナーにパステルカラーなどの膨張色を使っても、ジャケットやカーディガンを引き締めカラーにすると、パステルカラーも可愛くほっそりと着こなせます。

　パステルカラーなどの膨張色を使いたいときは、縦のラインを強調しましょう。ボーダーより縦のストライプ、曲線より直線のほうがシャープなイメージを出すので、クルーネックよりもVネック、フレアスカートよりプリーツスカートのほうがスリムに見えます。

背の高い人 (あまり背が高く見られたくない場合)
・インナーはソフトな色と形。
・スーツは濃い色。

背の低い人 (あまり背が低く見られたくない場合)
・スーツは明るい色。
・上半身に鮮やかな色をもってくるのがポイント。また、その色の面積を小さくすると、よりスッキリ見せることができます。
・柄物を着るときは、大きな柄よりも細かい柄やシンプルなデザインがおすすめ。

胸の大きい人
・暖色系は胸を大きく見せてしまうので、寒色系に。
・柄も、小さい柄や小花模様のほうが目立ちません。

胸の小さい人
・暖色系を着ること。
・ボーダーよりも、ストライプのほうが胸のふくらみをアピール。縦のストライプでも太目のものを選ぶと、色の印象が強くなり、存在感をアピール。
・花柄などは、大柄のものを着ること。

ロングヘアーにしたい！早く髪の毛が伸びる魔法のカラーは？

オペラピンク

ベビーピンク

　思いがけず、髪の毛を切りすぎてしまったという経験は、誰もがあるかもしれません。そして、女子力を上げていくためには、永遠のガーリーをイメージする、ロングヘアーも欠かせないかも。

　髪の毛を早く伸ばしたいときには、フェミニンな要素が盛り込まれた**オペラピンク**や、**ベビーピンク**のリボンバレッタやシュシュでヘアアレンジをしてみましょう。

最近、むくみが気になる。代謝力アップのために効果的な色は？

赤

マゼンタ

　とくに顔や足がむくんでいると、太っているように見えてしまうため、ただちに改善していきたいものです。

　また、むくみの原因は、血液の循環が悪くなり、老廃物がたまっていることです。

　お助けカラーとして、血行と代謝が良くなる、**赤**や**マゼンタ**を取り入れてみましょう。フェイス用のコロコロのついたマッサージ器、

レギンスやタイツ、毛布、パジャマなどにこの2色を取り入れるようにしましょう。

最近、自分に瑞々(みずみず)しさを感じられない。アンチエイジングの色は？

- 純白
- 黄色
- ピンク

　鏡を見て、以前より老けたような感じがしたら、**純白**、**黄色**、**ピンク**の3色を意識して取り入れましょう。純白はすべてのホルモンを活性化してくれる色。ピンクは女性ホルモンのエストロゲンを出し、黄色は幸福ホルモンのベーターエンドルフィンを出す色です。

　下着やキャミソールなど直接肌につける部分にはピンク系、若く見せる効果の高い黄色系は、シャツやインナー、ワンピースなどに。純白は、ジャケットやスーツなど大きい面積に使ってみると、ハツラツとした瑞々しいイメージを作り出してくれます。これらのカラーと共に、ローズや柑橘(かんきつ)系の香りのするコロンなどを愛用すると、かなり若返り効果が期待できるでしょう。

　一方、黒やグレー、茶色といった色は、見た目が地味になるだけでなく、光の刺激に乏しいので、老化を促進しやすくなります。

朝、すっきりと目覚めたいとき

黄色
白

　早起き体質の人は、幸運体質ともいえるでしょう。成功者は、朝の時間を上手に活用しています。朝起きたらすぐに、窓を開けて新鮮な気を部屋に取り込めば、より運を呼び込みやすくなります。

　すっきりと目覚めたいときは、**黄色**のような明るい色のパワーを味方につけて。明るい色は、人を元気に活性化する交感神経を活発にします。黄色と共に、**白**を一緒に使ってみると、ますます動きがスピーディーになり、目覚めが良くなります。黄色はカーテンなど目に入りやすいものに、白は直接身につけるものに取り入れてみましょう。

COLUMN

至福のリラックス&美容タイムにするために バスルームに取り入れたい色は?

バスルームは一日の疲れをとり、美しい自分を生み出すリラックス&ビューティールーム。美しく癒されるための効果的な色を取り入れて、至福の空間作りをめざしましょう。

もっとキレイになりたい
↓

- ピンク
- マゼンタ
- ラベンダー

もっと美容に効くお風呂タイムにしたいのなら、ピンク、ラベンダー、マゼンタの女子力アップの最強3カラーでグッズをそろえてみて。脱衣所には、淡いピンクの丸っぽい花瓶に、ピンクのバラやガーベラを。そして、タオルやアロマキャンドルをラベンダーにしてみましょう。

もっとリラックスしたい
↓

- ミントグリーン
- アクア

リラックスを求めるときは、ミントグリーンやアクアなど、爽快感たっぷりのカラーが効果的。ミントグリーンはタオルやバス用イスに、アクアはペール(手桶)や石けんケース、歯ブラシなどに使ってみましょう。

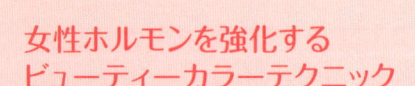

COLUMN

女性ホルモンを強化する
ビューティーカラーテクニック

　女性にとって女性ホルモンは、子宝を授かったり、外見の美しさを磨いたり、若さを保ったりするために、とても重要なものです。ここでは、その女性ホルモンを強化するために活躍するおすすめカラーやアイテムを紹介します。

おすすめカラー

ラズベリー・紫・マゼンタ・ボルドー・朱赤・モーヴピンク・コーラルピンク・サーモンピンク・ピーチピンク

おすすめ素材&取り入れ方

　素材の中でシルクが一番、色の効果をカラダの中に取り込むことができます。とくに、シルク素材のマゼンタやピンク系のパジャマやランジェリーが最高でしょう。また、おすすめカラーはレギンス、タイツ、部屋着など肌に直接つけるものに取り入れると、より効果が期待できるでしょう。

おすすめテクニック

　洗面所やドレッサーなどメイクやスキンケアをする場所を、ピンクやラベンダー系の小物やアロマグッズ、バラの一輪ざしなど、女子力アップに欠かせないアイテムでまとめておくと、さらなる女性ホルモンの強化が期待できます。

お金と運をつかんで幸せになる方法

金運&開運の章

金運アップ編

お金をコツコツと着実に貯めたいとき

ダークブラウン

　お金をコツコツ着実に貯めていきたいという願いには、節約グセと未来の安定感を作り出す**ダークブラウン**が最適です。財布をこの色に変えると、出費を抑えようという気持ちになってきます。つい無駄遣いをしそうになったら、この色の財布を見つめたり、ダークブラウンを感じる樹木のたくさんある公園を散歩したりしましょう。ダークブラウンは、きっとあなたの心を満たしてくれるでしょう。

20代のうちにまとまったお金を貯めたい

ゴールド
ダークブラウン

　30歳までに、ある程度まとまった金額を貯めたいときは、仕事運と財運をつかさどる**ゴールド**のアクセサリーや時計をお守りにすると、金運と心の安定に効果的。さらに、**ダークブラウン**の携帯にゴールドのストラップをつけると、節約モードになり、豊かになれるでしょう。

株など財テクで成功したいときには?

レモンイエロー

　経済情勢などを勉強したり、研究したりすることが、金運を高めます。そういうことをしなければ、安定した長期的な資産運用は望めません。

　株などの財テクで成功したい人は、集中力を高めて脳に良いエネルギーを与えてくれる**レモンイエロー**を取り入れていきましょう。お金に関する専用ノートをこの色にしてみてください。レモンイエローは、数字に強くなる効果も持っているので、お金や経済について勉強したことを書き込んでいきましょう。脳の働きがスムーズになり、株や財テクで成功するかもしれません。

好きなことを仕事にして収入を得たい

ゴールドオレンジ

オペラピンク

　好きなことが仕事になるのは、生きがいにつながり、心が満たされた毎日が送れるでしょう。

　好きなことを仕事にして、収入を得ていきたいときは、**ゴールドオレンジ**がおすすめです。この色には、やる気と自立心を強化する

効果があり、逆境があっても乗り越えていくパワーを授けてくれます。まさに仕事運と金運を一緒にもたらすスーパーカラーなのです。ゴールドオレンジのチークや口紅、グロス、ネイルをそろえましょう。

そして、エレガントさや女性らしさを保ちつつも好きな仕事に打ち込みたい人は、女性としての運気を高める**オペラピンク**を。この色を、手帳やバッグ、定期入れなど仕事に関するグッズに取り入れてみましょう。

COLUMN

金運アップを望む人におすすめの財布の色は?

金運を良くしたい人は、お財布の色は明るく澄んだお金を運んでくる**クリームイエロー**や**ゴールド**が最適です。素材は、生きたパワーの入りやすい革などの自然素材がおすすめですが、素材より色を重視しましょう。

反対に、お財布に避けたい色は、暗く濁った色と赤系です。赤字という言葉もありますし、昔から、赤やピンクの財布は「金の気を燃やす」といわれています。また、「お金はさびしがり屋」ともいわれるので、お財布の中にはつねにお札を入れておきましょう。

なかなか給料が上がらない。
給料アップを願うときに身につけたい色は?

朱赤

ゴールド

　給料が上がらないときには、魔を断ち切って金運アップが望める２大カラーの**朱赤**と**ゴールド**のダブル使いでいきましょう。朱赤はあなたの仕事力を上げて、会社や仕事先には欠かせない存在にしてくれます。朱赤はバッグやファイル、万年筆やペンなど、ゴールドは、手帳、時計、文房具類などに取り入れてみて。朱赤とゴールドが側にあるだけで、強い精神力と抜群の安定感を感じて、それがお金をひき寄せたり、お金を生み出すパワーとなるでしょう。

今月、お財布事情が厳しい……。
おごられ運をアップする色は?

クリームイエロー

ピーチピンク

　ついつい無駄遣いをしたり、お付き合いで出費が重なったりなど、今月のお財布事情が厳しくなってしまったら……。そんなとき、人からおごってもらいやすくなるために、可愛く甘え上手に見せる色を使ってみましょう。
　ズバリ、その色は**クリームイエロー**とフェ

ミニンな優しさを伝える**ピーチピンク**。たとえば、クリームイエローのノーカラーのジャケットに、ピーチピンクのインナーを。メイクには、淡い黄色のアイシャドーに、コーラルピンクやピーチ系のチーク＆グロスを。愛らしさ抜群なので、メイクの色などで毎日取り入れるようにすれば、日頃のおごられ率が高まるかもしれません。

つい衝動買い……そんな浪費グセを直したい

オリーブ
グリーン

　物欲を抑えられずについ買い物をしてしまう人には、**オリーブグリーン**のパワーが有効です。お財布やカバンの色をオリーブグリーンにしてみると、購買意欲が低下するでしょう。なぜなら、オリーブグリーンは欲を抑えて、堅実な思考へともたらしてくれる効果があるからです。快楽を好み、理性を狂わせがちな赤とオレンジは、買い物に行くときは使わないほうがいい色。身につけたいときは、必ずオリーブグリーンや欲望を抑える青を一緒に使いましょう。

　また、それなりに値段の張る「本当にほしいもの」をひとつ作っておくと、こまごまとしたものを買わないことにつながります。

目標額を必ず貯めたいときに取り入れたい色は？

● ダークブラウン

● オレンジ

何かの資金を貯めるときには、粘り強さや節約を強化することが大切です。また、お金をいくら貯めることができたら、どんな夢がかなうのかをイメージングする習慣をもちましょう。

お金を貯めたいという目標を達成するために効果的なカラーは、安定志向と貯金体質が得られる**ダークブラウン**と、夢の実現やモチベーションを強化する**オレンジ**です。ダークブラウンの財布は確実にお金が貯まります。そして、オレンジのノートに、自分の目標や夢を書き出して、そのためにやるべきことも同時に書いてみてください。そうすれば、必ず貯金が目標額に届く日がくるでしょう。

飲み会や人付き合いで出費がかさむ。誘いをうまく断り、交際費を抑えたいとき

● ピーコックブルー

ときには誘いも断ることも必要です。NOとやんわりと言える力を養っていけば、お金を浪費しにくくなるでしょう。

そのためには、自分の心を落ち着かせて、本当に大切なことのためにお金を貯める習慣を育てる、青緑系の**ピーコックブルー**をお守りカラーにしましょう。「飲み会などに誘われそうだな」という日は、この色の洋服を身につけていきましょう。自分の目に入りやすいもののほうが効果的です。ピーコックブルーは、心のバランスを整えて、内なる大事なものを受け取る力を授けてくれます。もっと大切なことに気づけば、「飲み会でお金を使っている場合ではない！」と思い、自然と断ることができるでしょう。

宝くじを購入。大当たりの夢をかなえるには何色を取り入れるべき？

黄色
ピンク

　大金を手にする夢をかなえたいときに思いつくのが宝くじの購入。大当たりするためには、自宅のトイレの色に徹底してこだわりましょう。トイレには、とことん**黄色**や**ピンク**を配色してみて。この２色はお金の気を授けてくれる色です。便座カバー、絵画、スリッパなど、トイレにあるものはすべてこの２色にしてみましょう。反対に、黒やグレーはなるべく避けます。開運、ツキを求めたいとき

に、これら陰の色はプラスになりません。

　また、植物のポトスなど生命力豊かな緑を取り入れたり、アロマや換気も欠かさないようにして、トイレと思えないほど美しい空間にすることが、お金の神様を味方につけることにつながります。そして、忘れてはいけないのは、よくトイレ掃除をすること。トイレ掃除をすると、金運が良くなるといわれます。

COLUMN

もっと開運するための
グリーン活用術

　部屋に植物を飾ることは、運気アップにつながります。でも、その植物が何となく元気がないように見えたら、効果は半減するかも……。

　部屋のグリーンをもっと映えさせるためには、鉢の色にひと工夫してみましょう。暗い色の鉢より、テラコッタのような**淡いオレンジや明るい茶系**の鉢が植物を明るく見せてくれます。そして、日頃の水やりや、その植物に合った育て方で大事に育ててあげましょう。

開運・願いをかなえる編

運気をアップさせたいとき

朱赤

　運気をアップさせたいときは、開運カラーの代表的存在の**朱赤**をお守りに。下着や、バッグ、時計のバンドなどに取り入れてみましょう。朱赤は、邪気を吹き飛ばし、運の流れを強く導く心強い色です。開運には適さないグレーや黒の服を着ることが多い人は、必ず下着に朱赤を使いましょう。そうすれば運が安定します。

　また、「最近、運が良くないな」と感じているときは、無理に行動することは控えましょう。それよりも、今の自分に足りないものを冷静に分析したり、謙虚な気持ちで周りの人たちに対して礼儀や感謝が欠けていなかったかなど反省したり、自分を見つめ直す時間を持ちましょう。改善点がわかり、「何が何でも！」という執着心を手放したころに、運というものは自然と上がってくるのです。

不運、不倫、病気、悪癖……など よくないことと縁を切るためには?

●
●
●
純白

どうも最近、不運が続いているというときや、不倫や病気、よくないクセ、邪気のありそうな友人などとの縁を断ち切っていくには、みそぎの色でもある**純白**を使いましょう。白い下着に身を包み、家から近い神社に参拝し、「今日から、すべての悪縁を断ち切ります!」と神様に宣言しましょう。神様には、絶対にウソはつけませんから、言った以上は、悪縁を切る行動が取れるようになります。

NGカラーは赤紫です。この色には、人の心をあいまいにさせ、誘惑に負けやすくなる作用があります。

かなえたい願いがあるときに身につけたい色

●
●
●
赤

ゴールド

効果的なカラーとしては、受験やテストには、合格必勝のだるまに代表されるように**赤**と、大きな目標を達成させるパワーを秘めた**ゴールド**がおすすめ。赤のだるまやゴールドの勉強用のノート、文房具類にこの2色を取り入れましょう。あとは、下着など肌に直接

つけるものに取り入れると、より効果的でしょう。一方、ブルーグレーは運を呼び込めないNGカラー。この色を身につけるなら、必ず赤かゴールドと一緒に使いましょう。

そして、願いをかなえたいときには、一方で、何かを禁じてみることも必要かも。たとえば、「願いがかなうまで、お酒は飲まない、甘いものは食べない、無駄遣いしない」など。自分を律してみると、きっと願いはかないます。

ものをすぐなくしてしまう。そんなときには、どんな色のものを身につけたらいい?

黄色
紺

ものをすぐなくしがちなときは、注意力が散漫になっているのかも。落ち着きと気づきを授けてくれる**黄色**と**紺**を上手に活用しましょう。

家庭では、黄色はソファーカバーやカーテン、花などに、紺はエプロンや玄関の花瓶など小物類におすすめ。

職場では、デスク周りは黄色系で統一し、洋服に紺を取り入れましょう。赤い太いマジックペンで「注意力アップ!」と書いた黄色のポストイットをデスクやテーブルに貼り付けておくと、より効果が期待できます。

ライブでより楽しみたいときには?

コーラルオレンジ

山吹色

　好きなアーティストのライブは、ストレス解消や、生きるパワーの原動力になるもの。心身を活性化し、明日へのやる気を高めてくれるでしょう。もっとライブを楽しむためには、エンジョイ気分を向上させてくれる、**コーラルオレンジ**と**山吹色**を身につけましょう。この2色は、たくさんの活力と喜び事を運んでくれるので、人生を謳歌したいときにピッタリな色なのです。コーラルオレンジのTシャツを着て、山吹色のバッグやネックレスなどで、ライブの時間を楽しんでみましょう。

マイナスパワーを寄せ付けない色は?

純白

ミントグリーン

　マイナスのパワーが宿る人や物とは、関わりたくないもの。自分が心有る生き方をしたり、苦しいことがあってもプラスにとらえることができると、負のものは近寄れないので、プラス思考になれるカラーをお守りにしましょう。お助けカラーは、人を良い方向へ変えてくれる浄化効果の高い、**純白**と**ミントグリーン**。この2色で悪いものを洗い流しましょ

う。しばらくこの色の下着やシャツを身につけると、人の悪口や嫌な人間関係、悪いタイミングなどから解放されるでしょう。

反対に、グレーはマイナスのものをひき寄せがちなNGカラー。どうしてもグレーのスーツなどを着るときは、白いシャツとミントグリーンの下着を身につけましょう。

ブログの来訪者を増やしたいときには、壁紙は何色？

マゼンタ
ベビーピンク
ゴールド

女子の来訪者を増やしたいときにおすすめの壁紙の色は、**マゼンタ**と**ベビーピンク**。なぜなら、この2色は多くの女性が大好きなカラーだからです。そして、人の心を至福にさせる**ゴールド**もアクセント的に取り入れてみて。男性も、可愛いピンク系のブログを見れば、癒されて和んでしまうでしょう。モチーフも、花柄や水玉、リボン、ハートなどで、ほどよくラブリーにしてみると、女子をひき寄せるブログになるでしょう。

なお、ダークブラウンなど暗めの茶色を使いたいときは、元気カラーのオレンジや淡いベージュも一緒に使いましょう。

チャンスをつかみたいとき

ゴールドオレンジ

　安定志向が強すぎたり、不安を募らせたりしていると、前に進まないので、チャンスを逃がしてしまいます。ときには、冒険心を向上させて、何事も自分の夢をかなえるために欠かせないことだと思って、ポジティブな行動力を磨いていきましょう。

　目の前にあるチャンスを逃がさないようにするには、**ゴールドオレンジ**を味方につけましょう。濃い目のオレンジであるこの色は、心身を活性化させ、自分からチャンスをつかみにいけるようになります。ピアスやイヤリング、口紅やグロス、チークなどメイクやアクセサリー類に取り入れて、活発に動いていきましょう。

　なお、避けたい色は緑です。チャンスをつかむ行動力を鈍らせる恐れがあります。黄緑のような明るい緑なら前向きなモードにしてくれる力がありますが、暗めの緑はなるべく避けましょう。

COLUMN

知って得する!! カラー風水術
方位ごとの運・色・素材・柄

　カラー風水では、一番ほしい運を色でチャージすることが大切。また、色のみならず、素材や柄なども合わせて取り入れていくと、総合的に運気がアップします。

　ここでは、全方位の運・色・素材・柄を紹介していきます。自分の住んでいる部屋の方角に合った色・素材・柄を取り入れましょう。一番ほしい運は、ファッションに取り入れてもいいでしょう。

北：黒・藍色・ベビーピンク

恋愛運や子宝運、仕事運に効果があり。ガラス、紙製品、水晶などや波や雲のような曲線的な模様のものを置くとよい。

西：黄色・クリームイエロー・ゴールド・純白・シルバー

金運や恋愛運に効果があり。金や銀製品、水玉模様や円、楕円のものを置くとよい。

東：青・緑

仕事運や情報運、発展運などに効果があり。バンブー、木製や籐のもの、縦縞のものを置くとよい。

南：赤・紫・マゼンタ・ワインレッド

ビューティー運、名誉運、人気運などに効果があり。プラスチック、エキゾチックな星模様や三角模様、ジグザグ模様のものを置くとよい。

カラーINDEX

あなたの好きな色は、どんなケースに役立つのか?
色から目的別シチュエーションが調べられる便利な逆引き索引です。

赤系

赤……3 , 24 , 67 , 88 , 135 , 145 , 155 , 158 , 172 , 181 , 196 , 207 , 221 , 226 , 236 , 242 , 243 , 248 , 253 , 255 , 261 , 268 , 283 , 288
朱赤……3 , 80 , 92 , 102 , 125 , 146 , 166 , 191 , 198 , 244 , 272 , 277 , 282
真紅……3 , 85
ボルドー……3 , 92 , 132 , 197 , 272
ラズベリー……3 , 92 , 118 , 136 , 272
ローズレッド……3 , 129
ワインレッド……3 , 88 , 95 , 135 , 186 , 212 , 266 , 288

ピンク系

オーキッド……3 , 127
オールドローズ……3 , 97
オペラピンク……3 , 89 , 92 , 204 , 268 , 275
コーラルピンク……3 , 47 , 80 , 83 , 89 , 100 , 124 , 135 , 144 , 203 , 249 , 272
桜色……3 , 81 , 83 , 117 , 215
サーモンピンク……4 , 89 , 96 , 109 , 121 , 157 , 200 , 264 , 272
ショッキングピンク……4 , 104
チェリーピンク……4 , 100

ピーチピンク……4, 76, 82, 89, 96, 114, 117, 135, 163, 177, 181, 254, 272, 277
ピンク……4, 28, 39, 88, 96, 109, 134, 135, 145, 173, 181, 187, 226, 243, 250, 261, 269, 271, 280
ピンクベージュ……4, 82
ベビーピンク……4, 71, 92, 108, 114, 119, 122, 136, 140, 165, 171, 196, 197, 239, 241, 268, 286, 288
ホットピンク……4, 90, 120, 153, 205, 239
マゼンタ……4, 87, 88, 89, 90, 102, 124, 125, 135, 171, 181, 183, 258, 262, 265, 266, 268, 271, 272, 286, 288
モーヴピンク……4, 127, 184, 264, 272
ラベンダーピンク……4, 74, 89, 93, 111, 170, 262
ローズピンク……4, 89, 111, 151, 176, 258

オレンジ系

アプリコット……4, 114, 123, 149, 213, 220
オレンジ……4, 32, 55, 94, 97, 124, 134, 136, 144, 145, 151, 158, 161, 162, 175, 186, 187, 191, 194, 196, 199, 206, 218, 223, 227, 236, 239, 248, 261, 265, 279
コーラルオレンジ……4, 78, 216, 235, 285
パンプキン……5, 175, 182, 222
向日葵色……5, 167
ペールオレンジ……5, 96, 128, 228, 240

黄色系

黄土色……5, 162, 210
黄色……5, 36, 63, 124, 145, 165, 173, 187, 194, 207, 218, 226,

231 , 236 , 239 , 242 , 248 , 253 , 256 , 261 , 263 , 269 , 270 , 280 , 284 , 288
クリームイエロー……5 , 51 , 77 , 83 , 89 , 94 , 109 , 114 , 118 , 119 , 136 , 193 , 197 , 203 , 239 , 276 , 277 , 288
ペールイエロー……5 , 107 , 118 , 122 , 126 , 148 , 164 , 238
山吹色……5 , 76 , 120 , 185 , 195 , 202 , 249 , 285
レモンイエロー……5 , 178 , 192 , 198 , 250 , 275

緑系

オリーブグリーン……5 , 180 , 228 , 278
黄緑……5 , 113 , 156 , 214 , 242 , 248 , 264
ターコイズグリーン……5 , 169
フォレストグリーン……5 , 224 , 235
深緑……5 , 112 , 116 , 124 , 138 , 146 , 181 , 197
緑……5 , 27 , 40 , 145 , 152 , 181 , 207 , 226 , 236 , 288
ミントグリーン……6 , 75 , 104 , 108 , 116 , 124 , 132 , 161 , 197 , 200 , 206 , 216 , 220 , 257 , 261 , 271 , 285
モスグリーン……6 , 180

青系

藍色……6 , 288
青……6 , 43 , 44 , 125 , 145 , 155 , 173 , 227 , 236 , 243 , 244 , 253 , 259 , 261 , 288
アクア……6 , 123 , 124 , 178 , 213 , 271
ウルトラマリンブルー……6 , 131 , 217
コバルトブルー……6 , 122 , 141 , 205 , 222
紺……6 , 88 , 105 , 106 , 118 , 132 , 182 , 201 , 203 , 217 , 218 , 224 , 232 , 233 , 244 , 284

シアン……6, 142
ターコイズブルー……6, 110, 149, 168, 209, 211, 260
濃紺……6, 140
ピーコックブルー……6, 149, 201, 207, 257, 279
ブルーグレー……6, 229
ブルーレッド……6, 101, 232
水色……6, 86, 91, 103, 118, 125, 152, 176, 200, 203, 222, 233, 234, 243, 254
ロイヤルブルー……7, 90, 98, 143, 210
瑠璃色……7, 208

紫系

青紫……7, 84, 86, 95, 106, 160, 190, 220, 240, 250, 264
赤紫……7, 247
ナス紺……7, 129
紫……7, 48, 99, 108, 145, 188, 208, 227, 236, 259, 261, 272, 288
ライラック……7, 218
ラベンダー……7, 83, 88, 116, 136, 150, 174, 188, 220, 246, 271

茶色系

赤茶……7, 247
キャメル……7, 96, 166
ゴールドブラウン……7, 151, 192
ゴールドベージュ……7, 221
ダークブラウン……7, 75, 112, 116, 147, 181, 197, 223, 266, 274, 279
茶色……7, 52, 76, 89, 96, 134, 135, 145, 180
ベージュ……7, 31, 75, 114, 117, 124, 166, 178, 197, 223, 228, 246

ミルクティー……18 , 136 , 200
ライトベージュ……8 , 164 , 206

黒系

グレー……8 , 88 , 105 , 134 , 180 , 188 , 233 , 251 , 261
黒……8 , 56 , 88 , 105 , 130 , 134 , 145 , 158 , 165 , 179 , 180 , 188 , 213 , 219 , 227 , 230 , 232 , 251 , 253 , 261 , 266 , 288
ダークグレー……8 , 225 , 231
ライトグレー……8 , 157 , 190 , 240

白系

アイボリー……8 , 89 , 96 , 114 , 203 , 252
オフホワイト……8 , 74 , 98 , 159
白……59 , 60 , 145 , 173 , 227 , 253 , 270
純白……8 , 89 , 91 , 106 , 114 , 122 , 130 , 143 , 154 , 169 , 190 , 225 , 230 , 233 , 236 , 254 , 255 , 260 , 261 , 269 , 283 , 285 , 288

ゴールド系

ゴールド……8 , 35 , 64 , 111 , 120 , 136 , 139 , 147 , 153 , 167 , 181 , 191 , 193 , 194 , 199 , 200 , 214 , 239 , 241 , 244 , 252 , 274 , 276 , 277 , 283 , 286 , 288
ゴールドオレンジ……8 , 237 , 275 , 287
ピンクゴールド……8 , 115 , 262

シルバー系

シルバー……8 , 68 , 130 , 134 , 200 , 225 , 288

参考文献

『色の名前事典』
福田邦夫著　主婦の友社

『フランスの伝統色』
城一夫著　ピエ・ブックス

『基本の色事典』
ファー・インク編　エムディエヌコーポレーション

『色の手帖』
永田泰弘　監修　小学館

『図解雑学よくわかる色彩心理』
山脇惠子著　ナツメ社

『カラーコーディネートでおしゃれ革命!』
今井志保子著　PHP研究所

『色の導き』
泉智子著　大和書房

『お仕事風水』
SORA著　西東社

『幸運を呼ぶパワーストーン&宝石の事典』
タナカヨシコ著　日本文芸社

『幸せになる大開運! 風水インテリア』
東京風水倶楽部・來夢著　成美堂出版

『食べ物は色で選ぶと病気にならない』
石原結實　成美堂出版

profile

石井 亜由美

ハートフルカラー代表 カラーセラピスト(色彩心理研究家)
元・国立大学法人和歌山大学観光学部非常勤講師
オーラソーマ社認定カラーセラピスト
日本アロマ環境協会認定 アロマテラピーアドバイザー
CSテレビ 旅チャンネル番組審議委員
国際観光施設協会・会員

色彩の教育、講演、研修、執筆、観光地や店舗・建物のカラーリング、商品や色彩心理テスト等のカラー監修、テレビ、ラジオの出演。店舗カラーコンサルティングなど。
著書に、『あなたを幸せにする色がわかるカラーセラピー心理テスト』(永岡書店)、『心をつかむ色のテクニック』(河出書房新社)、『女性はマナーで9割変わる!』(中経出版)『至福の旅セラピー』(ソフトバンククリエイティブ)、『ココロとカラダに効く色彩セラピー』(PHP研究所)など。

石井亜由美オフィシャルホームページ
http://heartfulcolor.lovepop.jp/

デザイン／諸橋藍(釣巻デザイン室)
イラスト／やのひろこ
編集協力／松本ゆかり
編集担当／池田優子(永岡書店)

色の力を味方につける
ハッピーカラーBOOK

著　者	石井亜由美
発行者	永岡修一
発行所	株式会社 永岡書店
	〒176-8518　東京都練馬区豊玉上1-7-14
	TEL 03-3992-5155(代表)　TEL 03-3992-7191(編集)
DTP	センターメディア
印刷	アート印刷社
製本	コモンズデザイン・ネットワーク

ISBN978-4-522-42984-6　C0076
◎本書の無断複写・複製・転載を禁じます。①
◎落丁本・乱丁本はお取り替えいたします。